阪神電気鉄道
本線、西大阪線、武庫川線
北大阪線、国道線、甲子園線、尼崎海岸線

1950〜1990年代の記録

梅田駅ホームに停車する須磨浦公園行き特急（左）と、元町行き普通。
撮影：野口昭雄

CONTENTS

まえがき	4
カラー写真で見る阪神電鉄	5

阪神本線

梅田	18
福島、野田	22
淀川、姫島、千船	24
杭瀬、大物	26
尼崎	28
出屋敷、尼崎センタープール前	32
武庫川、鳴尾	34
甲子園	36
久寿川、今津	40
西宮	42
香櫨園、打出	46
芦屋、深江	48
青木、魚崎	50
住吉、御影	52
石屋川、新在家	54
大石、西灘	56
岩屋、春日野道	58
神戸三宮	60
元町	64

阪神神戸高速線

西元町、高速神戸、新開地、大開、高速長田、西代	68

■阪神の沿線案内図

西大阪線

出来島、福、伝法	72
千鳥橋、西九条	74

武庫川線

東鳴尾、洲先	80
武庫川団地前	82

北大阪線、国道線、甲子園線、尼崎海岸線

北大阪線	84
国道線	86
甲子園線	92
尼崎海岸線	94

昭和47年(1972)

新淀川を渡り北大阪線中津停留場に停車している併用軌道線1形。川には軌道線に並行して国道176号線、阪急3路線の橋梁が架かっている。古風な路面電車の傍らを、ヘッドマークを掲げた阪急電車が颯爽と駆け抜けて行く。

撮影:安田就視

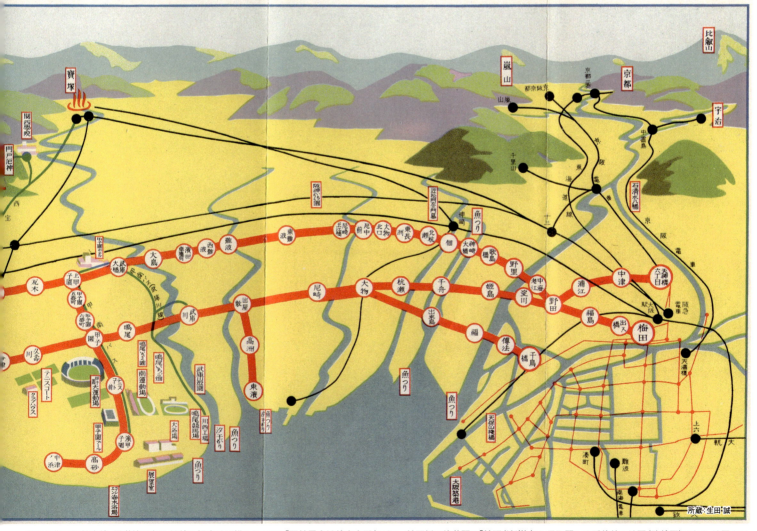

昭和初期の阪神本線、国道線が走り、沿線の観光地が描かれている「阪神電車沿線案内図」である。神戸側の終着駅は「神戸(滝道)」で、元町駅への延伸前の地図(路線図)である。地図上には、春日野道駅を挟んで、脇(ノ)浜駅と新生田川駅が見え、この区間が地下化される昭和8(1933)年以前に存在した駅であった。甲子園線には、昭和5年に延伸した浜甲子園・中津浜間の路線も見えており、昭和5〜8年間に作成された地図と推定される。

まえがき

　現在の阪神電気鉄道(阪神)は、阪急阪神ホールディングスの一員として、阪神本線・阪神なんば線・武庫川線・神戸高速線を有している。しかし、振り返れば、阪神急行電鉄(阪急)、国鉄東海道線とは、阪神間の乗客を奪い合ってきた歴史がある。また、ほぼ並行して走る軌道線(路面電車)の国道線も存在した。

　その中で、明治38(1905)年に開通した阪神本線は、最も南側の海岸線近くを走り、早くから開けた尼崎、西宮、芦屋、住吉などの市街地に駅を置いていた。国鉄線に比べると駅の数も多く、沿線に住む住民にとって利用しやすい鉄道(電車)だったのである。

　その一方、大阪側の梅田、神戸側の三宮・元町駅などの主要駅が地下駅となり、都市中心部の路線が地下化されることで、スピードアップも図られた。現在は神戸(西)側で神戸高速線を通じて、山陽電鉄と結ばれ、山陽姫路駅までの直通運転も行われている。

提供：阪神電気鉄道

1形電車1号車。明治38年の阪神電気鉄道開業に合わせて製造された阪神電車の始祖である。東海道本線との並行区間が多いため、軌道線扱いで開業した阪神本線。大量輸送には不利な条件下で大阪〜神戸間を1時間前後で結び、少しでも多くの乗客に対応することを考慮して、当時の車両としては大型のボギー台車を履いた電車が投入された。

カラー写真で見る阪神電鉄

昭和29年(1954)

魚崎付近の築堤区間を行く831形ほか5連の上り急行。昭和20年から30年代にかけては、阪神が新性能車の増備に取り掛かっていた時期で、本線では戦前生まれの小型車が活躍していた。

撮影：荻原二郎

昭和30年(1955)

西宮駅付近を走る5201形と5101形の各駅停車3連。昭和30年代には各駅停車運用の中軸として「ジェットカー」が本線に君臨していた。登場から4年目を迎え、未だ冷房化改造は施工されていない。

撮影：J.WALLY HIGGINS

昭和52年(1977)

野田付近を走る881形。昭和16年から本線の列車に充当され、30両が製造された。阪神の小型車では最後の新造になった。昭和30年代半ばまで、長編成を連ねて本線運用に就く姿を見ることができた。

撮影：J.WALLY HIGGINS

昭和30年(1955)

特急用の高性能車両として華々しく登場した3011形が専用の列車表示板を前面に掲げて今津駅を通過して行く。昭和30年代は阪神の車両群で一際目立つ、湘南窓のクロスシート車が最も輝いていた時代だ。

撮影：荻原二郎

昭和39年(1964)

車体の両端部分に運転台を備えていた5101形だったが登場以来、片運転台車の5201形等との組み合わせで、基本的には2両以上に組成されて運用に就いていた。各駅停車で高い加速性が際立っていた。

撮影：J.WALLY HIGGINS

昭和57年(1982)

二代目5001形。高加減速性能を持ち味とした第一世代のジェットカーを置き換えるために昭和52年から56年にかけて製造された。新製時より冷房装置を備え、基本編成2両で登場したが、昭和63年より4両固定編成化された。

撮影：野口昭雄

昭和39年(1964)

六甲の山並みを背に上り「特急」運用に就く3561形4連。長編成で大量輸送ができるように、3連で登場した3011形を貫通扉付きに改造した派生形式だ。後に客室扉も3ドア化され、座席はロングシート化された。

撮影：J.WALLY HIGGINS

カラー写真で見る阪神電鉄

昭和39年(1964)

西宮駅に入線する7801形と7901形4連の「急行」。昇圧前に登場した電動車7801形は2つのパンタグラフを屋根に載せた、勇ましいいで立ちだった。7901形初期車の台車には、小型電動車用のものが転用された。

昭和52年(1977)

量産型ジェットカーの一次車として試作的要素を盛り込んで登場した5201形の5201、5202号車。スキンステンレス車体をもつ外観から「ジェットシルバー」と呼ばれ、鋼体車が居並ぶ阪神電車の中で異彩を放っていた。昭和52年3月まで活躍した。

昭和45年(1970)

武庫川線は本線の武庫川駅から、武庫川西岸沿いに南下する支線。両運転台車の3301形が持ち味を発揮するのには、打って付けの路線だった。昭和末期まで、大手私鉄では珍しい単行運転が見られた。

山陽電鉄須磨浦公園駅付近で、松林の中を駆け抜ける7801形、7901形の「特急」。右手に須磨の海が垣間見える。山陽電鉄は昭和43年4月7日、神戸高速鉄道東西線の開通で阪神、阪急との相互乗り入れを開始した。

昭和45年(1970)

昭和52年(1977)

並行するJR路線等に比べると、短い駅間を急加減速で効率よく運転できる性能を要求される普通用電車は、阪神では花形車両の一つだ。5201形は昭和34・35年に製造された量産型ジェットカーである。旧来の小型車両を置き換え、近代化に大いに貢献した。

西大阪線時代の尼崎駅ホームで発車を待つ3501形。本線の旧型車を置き換える優等列車用車両として、昭和33年から34年にかけて両運転台車の3301形とともに製造された。早くも方向幕が取り付けられており、その後、方向幕が普及して方向板が廃止された。晩年は支線の区間列車に使用された。

芦屋〜打出間をさっそうと駆ける特急の運用に就くのは8000系の第1編成。製造時期により異なる形状を見せる8000系の中でも、車両の近代化初期に製造された阪神電車の雰囲気を残す車両だった。

「準急」の列車表示板を掲げて甲子園駅に停車する7801形。阪神本線の準急列車は朝夕のラッシュ時に梅田駅と尼崎、甲子園、西宮駅等を結ぶ区間で運転していた。しかし、速達列車と普通の間で存在性が希薄になり、現在は運転を休止している。

普通列車から「特急」への乗り換え客で賑わう御影駅の下りホーム。当駅は昭和4年に併用軌道から鉄道線への移設に伴い高架化された。幅の狭いホームや古風な造りの上屋が昭和初期の面影を残していた頃の撮影。

端山の向うにそびえる布引の山々は、六甲おろしが吹きすさぶ中で冠雪の模様。神戸市東灘区にある住吉駅は、昭和4年に併用軌道から高架化された。駅入り口階段の壁には、円形の窓が連なっている。

構内近くの桜がほころび始めた西宮駅に並ぶ3本の列車。赤胴車塗色の8000系は昭和59年から平成7年にかけて製造された。写真の8213号車は内外装を大幅に変更し、阪神電車のイメージを一新したグループに属する。

洲先駅が武庫川線の終点だった頃。線路は駅よりさらに南方へ延びているが、小さな踏切の手前に車止めが設置されている。洲先～武庫川団地前間が延伸開業したのは、昭和59年4月3日だった。
撮影：安田就視

西宮神社の杜を背にして、香枦園駅付近ですれ違う7701形と7801形。「高校野球特急」マークを掲げる7701形は、3701形に制御機器の電機子チョッパ制御への改造、電気ブレーキの撤去等を施した改造車である。
撮影：岩堀春夫

4連の5201形は編成の全てが電動車という強力編成だ。クールなイメージを売りにしていたジェットカーの系譜にありながら、正面横に引き回された雨樋や屋根へ上るために設置されたステップが、今日の目から見ると近代車両を厳めしい面構えにしている。
撮影：野口昭雄

野田駅付近ですれ違う8000系の下り特急と7801形。現在、阪神線内では見ることができない準急の列車表示を入れた7826号車は昭和40年製で、9年間にわたって製造された同形式では初期の車両に当たる。
撮影：岩堀春夫

カラー写真で見る阪神電鉄

平成2年(1990)

7701形を先頭にした梅田行き「特急」が杭瀬駅付近の高架区間を行く。7701形は3701形に冷房装置を取り付ける際に、制御装置を電機子チョッパ制御に改造し、電気ブレーキを撤去した改造車だ。
撮影：岩堀春夫

平成2年(1990)

野田駅に到着する三宮行き「快急」。7801形は昭和38年から46年までの長きにわたって製造された優等列車用車両だ。列車の種類や行先を表示する窓を前面に備えているが、表示板を掛ける金具も装備している。
撮影：岩堀春夫

普通列車用車両としては初めて、新製時より冷房装置を装備して登場した二代目5001形。優等列車用車両よりも遅れていた普通列車用車両の冷房化を促進する打開策として、昭和52年に登場。当初は本線と西大阪線に投入された。

高架化された香櫨園駅に入線する西宮行き「急行」。8000系は昭和59年から平成7年かけての長期間に亘って製造され、阪神淡路大震災で被災廃車された車両を補うために平成8年まで製造が続けられた。8502号車を含む8523F編成は初期製造のグループ。

軌道線の最期まで現役だった1形が、北大阪線の中津停留場付近を走る。複線の間に架線柱が建ち、軌道横の道路は片側1車線。歩道も広めに造られており、街中で電車と自動車と人が対等に共存できた時代だった。

北大阪線中津停留場付近を行く1形。大きなトラス橋梁で国鉄の貨物線を跨いでいる。後ろに見えるホームは阪急の中津駅だ。路面軌道はこの先で阪急線を潜り、終点の天神橋筋六丁目へ東進する。

昭和22年製の91形。旧満州国の新京交通へ譲渡供出した51形の代替として、昭和16年に3両分の製造許可が下りたものの、戦時下で物資不足のあおりを受け、戦後に汽車製造で造られた。

北大阪線中津停留場に停車中の31形。大正から昭和初期にかけて製造された車両の面影を色濃く残す量産車は、40番台を割り振られていた車両が昭和10年に4を忌み番として、81から90号車に変更された。

昭和39年(1964)

甲子園線の起点、上甲子園付近の71形。昭和初期に流行した流線型のデザインを取り入れた車体を持つ昭和12年製の電車だ。大きな客室窓と丸みの強い姿から「金魚鉢」と呼ばれた。

撮影：J.WALLY HIGGINS

昭和50年(1975)

カラー写真で見る阪神電鉄

甲子園線の甲子園電停付近。阪神百貨店の看板とともに、平成15年まで阪神が運営していた遊園地、阪神パークの看板が本線の甲子園駅に向かって掲げられている。遊園地は甲子園球場の東側にあった。

撮影：岩堀春夫

昭和48年(1973)

芦屋付近で幅広い国道2号線の中央部を堂々と走る13号車。朝の早い時間帯なのか、上り線に自動車の姿はほとんど見られない。路面電車が現在の路線バスが果たしている役割を担っていた時代のような光景だ。

撮影：岩堀春夫

撮影：岩堀春夫

阪神の併用軌道線用車両としては最後発の201形。設計、一次車の製造が太平洋戦争時に掛かったため、随所に戦時設計らしい簡易化が見受けられた。外観は「金魚鉢」の愛称で親しまれた71形の流れを汲む。昭和50年の軌道線全廃まで、全車が活躍した。

撮影：安田就視

甲子園線の終点、浜甲子園停留場で停車中の201形にお客が乗り込もうとしている。軌道線の駅でありながらホームは鉄道線のような広い幅で、乗降には電車のステップを必要としない高さだった。

カラー写真で見る阪神電鉄

北大阪線の終点だった天神橋筋六丁目に停車中の1形。「テンロク」の愛称で市民に親しまれてきた繁華街は、古くから鉄道の拠点でもあった。電車の背後に見える建物は、京阪神急行電鉄(現・阪急)の天神橋駅だった。

撮影：安田就視

国道線で西宮市西部にあたる森具〜西宮西口間を走る。沿線には木造の家屋が立ち並び、軌道に敷かれた石畳とともに昭和初期の風情を色濃く残す。イチョウの並木が歩道に彩りを添えている。

撮影：岩堀春夫

木々の向うに甲子園球場を垣間見て甲子園線を行く71形。歩道側には自動車が列を成し、その横をすり抜けるように路面電車は軽快に走って行くように映る。ゆったりとした側窓を備え、丸みを帯びた車体や窓周りのデザインからは、設計者の遊び心が伝わってくる。沿線住民に愛された阪神の動く「金魚鉢」だった。

撮影：岩堀春夫

大正・昭和時代の時刻表

関西の二大都市である大阪と神戸を結ぶ高速鉄道を目指して発足した阪神電気鉄道は、明治38年に開業して以来、極めて短い間隔での列車運転に努めた。小型車による短編成の列車が主力であった時代でも、分刻みで次々とターミナル駅を発車して行く列車の数で都市圏の大きな需要に対応してきた。今日では姫路まで足を延ばす「特急」から、区間運転の普通列車まで日中、2～6分の間隔で梅田駅を発車し、フリークエント輸送の醍醐味を堪能できる。

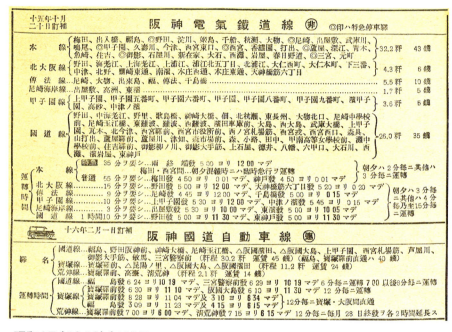

大正12（1923）年7月 当時の時刻表

電車を運行する様子や駅間の運賃等が詳細に書き表されている。電車を利用するための取り扱い説明書らしき一片。朝夕は1分から3分間隔で単行や2両編成の列車が行き交うあわただしい状況が思い浮かぶ。

昭和15（1940）年10月 当時の時刻表

上段に各路線を通して乗車した際の料金が記載されている。発着駅、営業キロ数は異なるが、本線と国道線で大阪～神戸間を載り通した場合、本線の方が8銭高い設定になっているのが興味深い。本線の運転間隔は朝夕2分毎だった。

昭和36（1961）年6月 当時の時刻表

昭和36年頃は高性能車が台頭して阪神電車の陣営が大きく変わっていった時代だ。料金表を見ると本線の梅田～元町間の料金が国道線の通し料金よりも安くなっており、当時は鉄道線が庶民の足として定着している状況を窺わせる。

阪神本線

明治38(1905)年、開通当時の阪神本線は現在の梅田の西側に位置する大阪(出入橋)駅と、神戸(三宮)駅を結んでいた。現在の大阪側のターミナル・梅田駅への延伸は明治39年、神戸側のターミナル・元町駅への延伸はそれから30年がたった昭和11(1936)年である。

この阪神本線には、野田、尼崎、武庫川、甲子園、芦屋、魚崎、御影、神戸三宮といった主要駅が存在する。このうち、尼崎駅では阪神なんば線、武庫川駅では武庫川線と接続している。また、甲子園駅は阪神甲子園球場の最寄り駅(玄関口)として、全国的に有名で駅となっている。

大正時代

提供:阪神電気鉄道

明治39年に本線の始発駅であった出入橋駅から路線を東へ延長し、新たなターミナルとして開業した梅田。ゲートのような簡易にさえ見える駅舎の設えに対して、「神戸行」「阪神電車」と切り抜き文字で大きく掲げられた看板に、大阪と神戸の都市間輸送を担う意気込みが窺える。駅前には荷馬車が見られる長閑な時代。鉄道は最先端の乗り物だった。

うめだ

梅田

梅田：開業年▶明治39(1906)年12月21日　所在地▶大阪市北区梅田3丁目　ホーム▶5面4線（地下駅）　乗降人数▶164,755人　キロ程▶0.0km（梅田起点）

明治39年12月、開業当初のターミナル駅「出入橋」から「梅田」へ
JR大阪駅の南側に位置。阪急、地下鉄の梅田、西梅田、東梅田駅と連絡

　梅田駅は、開業当初における阪神本線の始発駅ではなく、明治38（1905）年4月の阪神本線開業時のターミナル駅は、西梅田（現・梅田2丁目）にあった出入橋駅であった。しかし、明治39年12月に梅田駅まで延伸したため、出入橋駅は戦後の昭和23（1948）年10月にその役割を終えている。

　明治39年に誕生した梅田駅は、現在よりも西側に位置する地上駅であった。昭和14年3月、現在地に移転し、地上部分には阪神百貨店のビルがオープンした。現在の駅の構造は地下駅であり、JR大阪駅の南側、東西にホームが長く伸びる形で設置されている。改札口は地下1階と2階にあり、地下2階のホームは頭端式5面4線の構造である。東口の改札口は、ホーム東端の地下2階にあり、その上の地下1階には（阪神）百貨店口が開かれている。一方、西口は地下1階に置かれている。

　この梅田駅にはJR各線が集まる大阪駅をはじめとして、阪急、大阪市営地下鉄の駅が置かれている。その中でも、大阪市営地下鉄の四つ橋線西梅田駅、御堂筋線の梅田駅とは、同じ地下1階に改札口がある関係で、乗り換えが非常にスムーズである。なお、谷町線の東梅田駅はやや離れた場所にある。また、JR東西線の北新地駅とも地下道で結ばれており、乗り換えは可能である。

昭和14年（1939）

提供：朝日新聞社

梅田駅は昭和14年3月21日に現在の梅田阪神第2ビルディング（ハービスENT）付近にあった地上駅から地下へ移転した。新駅開業に先駆けて、新線区間では入念な試運転が行われ、関係者は新設された地下ホームで運転の様子を見守った。

昭和38年（1963）

提供：阪神電気鉄道

旧国鉄大阪駅側から阪神百貨店を望む。建物自身は近年まで大きな変化はないが、国鉄駅と結ぶ歩道橋が建設される前で、ビルの全景がすっきりと見える。駅前には駐車場が整備されていた。

昭和34年（1959）

撮影：高橋弘

昭和30年代の半ばまでは戦前、戦中に新製された小型車が本線を闊歩し、ターミナル駅梅田へ乗り入れていた。急行運用に就く801形。正面から見るとホームと車体の間を埋めるステップが、安全確保の役目を果たしている様子が分かる。

阪神本線 ▶ 梅田

昭和29年（1954）

夏本番を迎えた大阪梅田の阪神ビル界隈。壁面は甲子園球場で行われる夏の全国高等学校野球選手権大会を控え、各県の代表校を並べた大掛かりな看板で飾られている。駅前に並ぶバスはボンネットタイプ。さらに手前には大阪市電もちらりと見える。

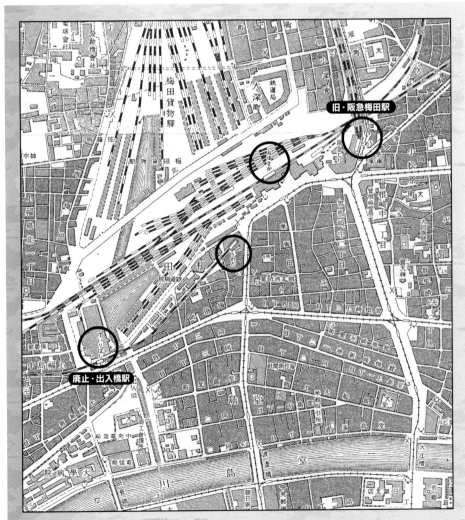

昭和50年（1975）

3501形を先頭にした「特急」が梅田駅へ到着した。列車表示板とは別に「うずしお」のヘッドマークを付けた「特急」は、淡路島への高速艇と連絡していた。

昭和4年（1929）

梅田駅周辺

この時代の阪神の梅田駅は、国鉄大阪駅の南西側に位置する地上駅であった。一方、阪急の梅田駅は大阪駅の南東にあり、阪急線は国鉄線の上を越えて北に延びていた。また、大阪駅の北側には大阪鉄道管理局があり、梅田貨物駅のヤードが広がり、現在とは大きく様相が異なっている。これらの駅の南側には大阪市電の路線が張り巡らされている。阪神の梅田駅の南東には移転する前の大阪市北消防署があった。また、堂島川と結ばれた水路（梅田入堀川）には出入橋が架けられており、その北西に阪神の出入橋駅があった。

昭和40年(1965)

旧国鉄大阪駅前を空から見下ろす。大阪駅と向かい合う右手のビル地下に阪神の梅田駅がある。大阪駅の背後に並ぶ上屋のあるプラットホームは、国鉄の旧梅田貨物駅だ。大阪駅前に今日あるビル群が出現する前夜の、混沌とした街の風景が広がる。

大阪中央郵便局

神戸銀行

大阪銀行

提供：朝日新聞社

福島、野田

ふくしま、のだ

福島：開業年▶明治38（1905）年4月12日　所在地▶大阪市福島区福島5丁目　ホーム▶2面2線（地下駅）　乗降人数▶10,557人　キロ程▶1.1km（梅田起点）
野田：開業年▶明治38（1905）年4月12日　所在地▶大阪市福島区海老江1丁目　ホーム▶2面4線（高架駅）　乗降人数▶32,760人　キロ程▶2.3km（梅田起点）

阪神の福島駅は明治38年に開業。JR線には福島駅、新福島駅が存在
阪神とJRにそれぞれ野田駅。大阪地下鉄千日前線には野田阪神駅

　阪神本線の福島駅は、明治38（1905）年4月に開業している。当時、既に明治31年4月に開通した西成鉄道の福島駅があり、明治39年12月に西成鉄道が国有化されて、現在のJR大阪環状線福島駅となっている。

　阪神の福島駅開業時には、東側の隣り駅は昭和23（1948）年に廃止された出入橋駅であった。この福島駅も太平洋戦争中の昭和20年から昭和23年10月までの3年間、休止されていた歴史がある。この駅を含む阪神本線の区間は、平成5（1993）年9月に地下化され、福島駅も地下駅に変わった。現在の駅の構造は相対式2面2線のホームを有する地下駅である。

　野田駅は福島区海老江1丁目に存在し、大阪市営地下鉄千日前線の野田阪神駅およびJR東西線海老江駅と連絡している。一方、JR大阪環状線にある同じ名称の福島駅は福島区吉野3丁目に移置し、500メートルほど離れているため、乗り換えにはあまり適さない。JRの野田駅は西成鉄道時代の明治31（1899）年4月に開業している。

　阪神本線の野田駅は明治38年4月に開業した。その後、大正3（1914）年8月、阪神の北大阪線が開通し、昭和2（1927）年7月、隣接する形で阪神国道電軌の西野田駅が誕生した。昭和3年4月、阪神国道電軌が阪神に統合され、後に西野田駅も野田駅に統合された。この阪神北大阪・国道線野田駅は昭和50年5月に廃止されている。

　昭和36年12月、この区間の阪神本線は高架線となり、北大阪線および国道線の駅とは分離されている。現在の駅の構造は、島式ホーム2面4線の高架駅で、改札口は2階、ホームは3階にある。なお、阪神電鉄本社は平成4年野田駅前に梅田から移転した。

昭和48年（1973）　撮影：岩堀春夫

野田駅付近を行く本線の電車。梅田から二つ目の駅となる野田は、北大阪線、国道線の起点でもあり、軌道線が健在だった時代には阪神路線網の拠点であった。通りには路面軌道の石畳が敷かれ、折しも野田停留場を出た電車が顔を出した。

昭和52年（1977）

国鉄大阪環状線福島駅のホームから眺めた阪神の福島駅付近。本線の地上時代には国鉄駅の南側に駅があった。平成5年の梅田〜福島間の地下化に伴い、国道2号線直下へ移転した。

撮影：岩堀春夫

阪神本線 ▼ 福島・野田

昭和34年(1959)

野田駅に停車する600形。602号車は大正末期から昭和初期にかけて流行した、正面5枚窓の個性的ないで立ちで誕生した。しかし、昭和20年に機器の故障で全焼。復旧工事を経て前面3枚窓の姿になった。
撮影：荻原二郎

昭和52年(1977)

背景に大阪環状線の高架と福島駅のホームが見える。平成5年9月3日に地下駅となるまで、阪神本線の福島駅は国鉄駅の南側にあった。「ジェットシルバー」5202形が急カーブをそろそろと進む。
撮影：岩堀春夫

昭和34年(1959)

太平洋戦争後に阪神が満を持して投入した大型車が3011形だった。流行の湘南窓を備えた3両固定編成の特急は、梅田〜三ノ宮間を当時の国鉄東海道本線、阪急神戸線の列車に匹敵する25分で走破した。
撮影：荻原二郎

昭和41年(1966)

梅田の中心街に近い野田駅が高架化されたのは昭和36年。当時は北大阪線、国道線の乗り場が隣接していたものの、高架化されたのは本線のみ。この工事で本線と軌道線の線路は分断された。
撮影：荻原二郎

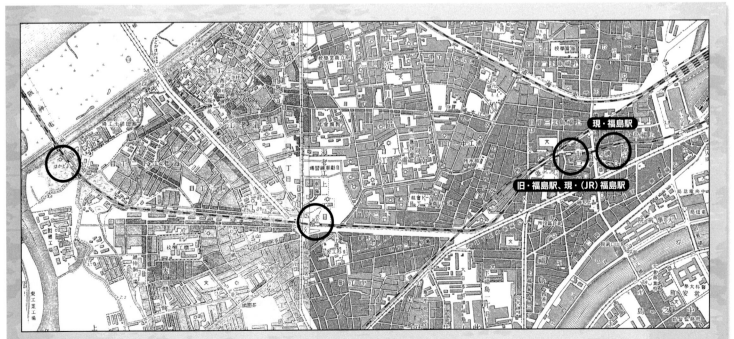

昭和4年(1929) 福島駅、野田駅、淀川駅周辺

　地図の北東から緩やかに南西に下る阪神本線には、出入橋駅と福島駅が置かれている。この福島駅付近では、北を走る国鉄西成線（現・大阪環状線）と接近する。地図の中央やや南側に置かれた阪神本線の野田駅前には、阪神の北大阪線や国道線、大阪市電などが集まり、市内交通の要所だったことがわかる。
　さらに進んだ新淀川の河畔には、淀川駅が置かれている。この頃は、現在は並行して走る阪神高速3号神戸線はまだ開通していない。野田〜淀川間の阪神本線の南側には、職工学校（現・大阪府立西野田工科高校）と大阪市立大開小学校（「文」の地図記号）が見える。現在その東側には福島区役所がある。

よどがわ、ひめじま、ちぶね
淀川、姫島、千船

淀川：**開業年**▶明治38（1905）年4月12日　**所在地**▶大阪市福島区海老江8-17　**ホーム**▶2面2線（高架駅）　**乗降人数**▶5,177人　**キロ程**▶3.3km（梅田起点）
姫島：**開業年**▶明治38（1905）年4月12日　**所在地**▶大阪市西淀川区姫島1丁目　**ホーム**▶2面2線（高架駅）　**乗降人数**▶12,484人　**キロ程**▶4.4km（梅田起点）
千船：**開業年**▶大正10（1921）年1月5日　**所在地**▶大阪市西淀川区佃2-2-33　**ホーム**▶2面4線（高架駅）　**乗降人数**▶19,043人　**キロ程**▶5.9km（梅田起点）

平成元年（1989）

撮影：岩堀春夫
淀川岸で大阪方の駅、淀川に入線する3000系の快速急行。3000系は優等列車用の7801、7901形の改造車。電動機を新型に換装し、制御装置に界磁チョッパ制御のものを装備した。

新淀川を挟んで、南北に「淀川」と「姫島」。阪神高速3号神戸線と並行 神崎川の中洲に置かれている「千船」。前身に「大和田」と「佃」の2駅

　明治38（1905）年4月の阪神本線開業と同時に誕生した淀川駅は、文字通り、福島区内の淀川（新淀川）の畔に位置する。現在の駅の構造は相対式ホーム2面2線を有する高架駅で、阪神本線の駅の中では乗降客数が少ない駅のひとつである。

　次の姫島駅は、新淀川を渡った淀川駅の対岸にあり、西淀川区内の駅となっている。明治38年4月の開業時の駅名は「稗島」で、大正14（1925）年5月に現在の「姫島」に改称した。駅の構造は相対式ホーム2面2線を有する高架駅である。

　阪神本線の大阪市内最後の駅は、神崎川の中洲（西淀川区佃）に位置する千船駅である。この千船駅は大正10年1月に開業したが、それ以前、阪神本線の開業時には、「大和田」と「佃」の2駅が置かれており、両駅が統合された形である。この2つの駅は、神崎川橋梁を挟んで南北に分かれて存在していた。なお、地名、駅名の「佃」はこの地から移住した人々により、東京都中央区佃（佃島）にも誕生している。

　千船駅は昭和52（1977）年6月に地上駅から高架駅に変わった。現在の駅の構造は、島式2面4線の構造である。改札口は2階、ホームは3階に置かれている。

阪神本線 ▶ 淀川・姫島・千船

昭和元年 (1989)

本線姫島〜淀川間を流れる新淀川に架かる新淀川橋梁。現在の橋は昭和44年の竣工で、1本65メートルの下路平行弦ワーレントラスが12本連続している。淀川駅には明治38年に架橋された旧橋梁の一部が保存展示されている。

昭和60年 (1985)

姫島駅を発車した2代目5001形。昭和52年から56年にかけて製造され、普通列車用の車両としては新製時より冷房装置を搭載した初めての形式となった。初代5001形と同じく「ジェットカー」の系譜に属する。

昭和60年 (1985)

線路の南側に阪神高速3号神戸線が並行する姫島付近の高架区間を行く、7801形の下り「特急」。写真の7846号車は昭和46年製で、新製時より冷房装置を搭載していた。

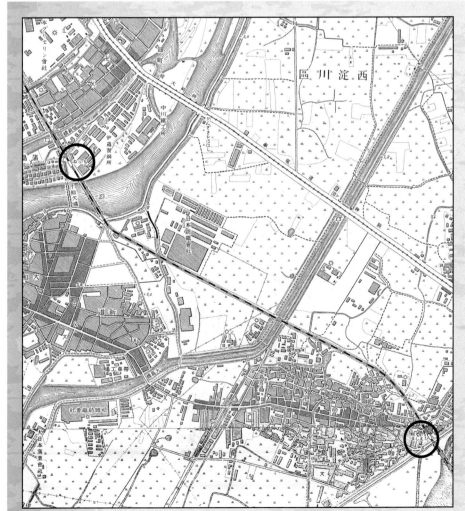

昭和4年 (1929)

姫島駅、千船駅周辺

この頃の阪神本線が市街地近くを走っているのに対し、新しく開かれた阪神国道（国道2号）上を走る阪神国道線は、田園地帯の中を通っていた。姫島町の東側に位置する駅には、稗島村に由来する「ひえじま（稗島）」の名称が見える。駅の南西に見える「文」の地図記号は大阪市立姫島小学校で、北東にある姫島宮は現在の姫嶋神社である。

一方、千船駅付近には工場が多く、地図上にも伊藤製鋼所、中川鉄工所がある。千船大橋を渡った対岸には、日本紡織会社があった。現在、こうした工場は姿を消し、千船駅の南東には千船病院が誕生している。日本紡織会社の跡地には、昭和33年に好文学園女子高校が移転している。阪神国道線には神崎大橋の停留場が見える。

くいせ、だいもつ

杭瀬、大物

| 杭瀬： | 開業年▶明治38（1905）年4月12日 | 所在地▶兵庫県尼崎市杭瀬本町1丁目 | ホーム▶2面2線（高架駅） | 乗降人数▶9,311人 | キロ程▶6.8km（梅田起点） |
| 大物： | 開業年▶明治38（1905）年4月12日 | 所在地▶兵庫県尼崎市大物町2丁目 | ホーム▶3面4線（高架駅） | 乗降人数▶9,731人 | キロ程▶8.0km（梅田起点） |

尼崎市内に「杭瀬」と「大物」の2駅。ともに明治38年5月の開業
阪神本線最初の接続駅「大物」。伝法線は西大阪線、阪神なんば線に

　神崎川を越えた阪神本線は、今度は尼崎市内を走り、沿線の主要駅である尼崎駅の手前に杭瀬、大物の2駅が存在する。両駅は現在、海から離れた内陸にあるが、古くはともに港町として栄えた場所にあった。

　杭瀬駅は、明治38（1905）年4月の開業である。この駅の北側には、阪神国道（国道2号）が通っており、昭和5（1930）年から昭和50年まで、国道線との連絡線が存在していた。現在の駅の構造は、相対式2面2線のホームをもつ高架駅である。改札は2階、ホームは3階にある。高架下の商業施設「駅の街杭瀬」は2年前、「Yotte（ヨッテ）杭瀬」に変わっている。

　大物駅は同じく明治38年4月の開業で、大正13（1924）年1月、伝法線の開通で接続駅となった。この伝法線は昭和39（1964）年5月に西大阪線となり、平成21（2009）年3月に阪神なんば線に変わっている。駅の構造は、島式ホームと相対式ホームを組み合わせた3面4線の構造である。昭和53年3月に地上駅から高架駅になった。1・2番線は本線、3・4番線は阪神なんば線が使用し、島式の2・3番ホームでは対面での乗り換えが可能である。

　この「大物（だいもつ）」という独特の呼び方をする地名、駅名は、源平合戦を描いた「平家物語」などにも登場し、源義経、弁慶などの逸話で広く知られている。

昭和53年（1978）

提供：阪神電気鉄道

昭和53年6月10日に姫島〜大物間の高架化が完成した。地上線時代には国道2号線から分かれた通りの踏切に隣接して設置されていた杭瀬駅のホームは、道路を跨ぐ位置に移設された。

昭和35年（1960）地上駅時代の杭瀬周辺を上空から望む。線路が描く大きな曲線の中に駅が設けられている。画面右手を斜めに横切る道路は国道2号線。駅の北側に見える緑地帯は宮前公園。空撮の上部中央に国道線との連絡線が写っている。

国道2号線　杭瀬駅　宮前公園

提供：尼崎市立地域研究史料館

昭和34年(1959)
伝法線時代の大物駅付近を走る小型車の2連。先頭の801形は大正15年に30両が製造された。客室扉のステップは製造当初、高速走行時の安定性等を考慮して取り付けられていなかった。
撮影：高橋 弘

昭和39年(1964)
大物駅西方の踏切から駅構内を見る。線路は南側に大きく膨らんで敷設されている。そのためにホーム上から線路の先が見えない。高架化された現在は駅前後の線形が若干変わっている。
提供：尼崎市立地域研究史料館

阪神本線 ▶ 杭瀬・大物

昭和51年(1976)
緩やかにカーブした大物駅のホームに停車するステンレス車体を持つ5201形。量産型ジェットカーの5201形のうち、5201と5202号車はスキンステンレスと呼ばれる車体で製造され、「ジェットシルバー」と呼ばれた。
撮影：岩堀春夫

昭和52年(1977)
尼崎駅まで高架工事たけなわの大物駅付近。本線の南側に尼崎工場、車庫が続き、ゆったりとした眺めを楽しむことができた沿線を高架橋で塞がれ、行き交う列車は窮屈そうに見える。
撮影：岩堀春夫

昭和39年(1964)
杭瀬駅上りホームから下り方を望む。国道線が営業していた時代には、当駅と国道2号線上の北杭瀬停留場を結ぶ連絡線があった。但し、連絡線を使っての旅客営業は行われていなかった。
提供：尼崎市立地域研究史料館

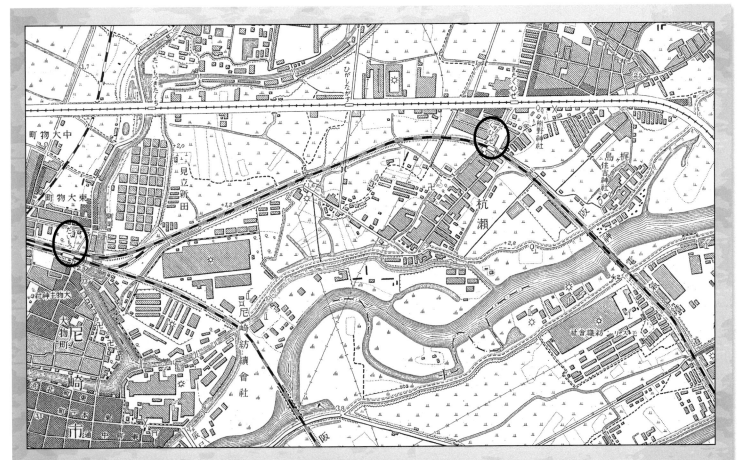

昭和4年(1929) 杭瀬駅、大物駅周辺

　地図北側を真っすぐ走る阪神国道(国道2号)と阪神国道線に対して、阪神本線は東側の杭瀬駅付近で大きくカーブしていることが見て取れる。杭瀬駅は、北を走る阪神国道線の北杭瀬停留場とかなり近い場所にあり、両駅の東側には水(海)にゆかりのある熊野神社、住吉神社が鎮座している。その南側には、左門殿川が流れているが、この当時は湾曲した流路だったことがわかる。

　一方、西側に置かれている大物駅からは、阪神の伝法線(現・阪神なんば線)が分岐し、南東に進んでいる。地図の下南側で目立つのが、2つの会社(工場)である。西側の尼崎紡績会社は、明治22年創立の老舗紡績会社で、繊維メーカー「ユニチカ」の前身である。東側には、モスリン紡織会社の工場が存在している。

尼崎

あまがさき

尼崎：開業年▶明治38(1905)年4月12日　所在地▶兵庫県尼崎市東御園町93　ホーム▶4面6線(高架駅)　乗降人数▶50,871人　キロ程▶8.9km(梅田起点)

昭和50年(1975)

撮影：岩堀春夫

県立尼崎病院の屋上から撮影している。この病院は後に大物駅北側に移転した。2両編成で尼崎駅発車して行く普通列車は5231形。先に製造された5201形の増備車として昭和36年から38年にかけて誕生した。昭和42年に施工された1500ボルトへの昇圧準備車である。

明治38年に阪神本線に「尼崎」。当時の国鉄駅は「神崎」、後に「尼崎」
庄下川を挟んで尼崎車庫と工場。その南に尼崎城址、桜井神社あり

　阪神本線のすべての列車が停車する主要駅の尼崎駅は、明治38(1905)年4月の開業である。一方、現JRの尼崎駅は、明治7(1874)年の開業時の駅名は「神崎」であり、昭和24(1949)年に「尼崎」に改称している。なお、明治24(1891)年に開業した、現JR福知山線の前身、川辺馬車鉄道には「尼ヶ崎」駅が存在し、後に「尼崎港」駅となっている。JR駅と阪神の尼崎駅は約1.8キロメートル離れており、乗り換えには不向きである。

　昭和3(1928)年12月、伝法(現・阪神なんば)線の延伸により接続駅となっている。昭和38(1963)年1月、ホームの高架化が完成した。現在の駅の構造は、島式4面6線のホームを有する高架駅で、ホームは2階にある。大物駅寄りの線路沿い(南側)には、開業以来使用されてきた阪神の尼崎車庫・工場が存在する。駅と車庫の間には、床下川が流れている。また、尼崎車庫の南側には、尼崎城跡、桜井神社、尼崎市立中央図書館がある。

　この駅の北側には、阪神国道(国道2号)が走り、昭和50年までは同じ阪神の国道線が通っていた。庄下川に架かる玉江橋付近には、「尼崎玉江橋」の停留場が置かれていた。

阪神本線▼尼崎

昭和39年(1964)

高架化されて間もない頃の尼崎駅北口付近。大阪から兵庫県に入って最初の拠点である当駅は昭和38年に高架化された。国道2号線に近い北口前は繁華街へ続く通りだが、当時はまだ開発途上の感が強い。
提供：尼崎商工会議所

線路の両脇にホームが設置された尼崎駅4番のりばの電車は、本線の普通運用に就く5101形。隣の5番線からは西大阪線の列車が朝夕に発着しており、発車時刻を記載した案内板が掛かっている。

昭和51年(1976)

夜の尼崎駅。銀色に輝く5202号車が停車していた。数ある5201形の中でも僅か2両のスキンステンレス車車体は、毎日阪神電車を利用する勤め帰りのサラリーマンが、思わず見つめるほどの異彩を放っていた。
撮影：岩堀春夫

昭和51年(1976)

撮影：岩堀春夫

昭和30年代

停車中の701形は千鳥橋〜尼崎間の行先表示板を掲げる。難波延長線第1期工事として千鳥橋〜西九条間の建設工事が着工されたのは、小型車の撤退と前後する昭和35年だった。
撮影：園田正雄

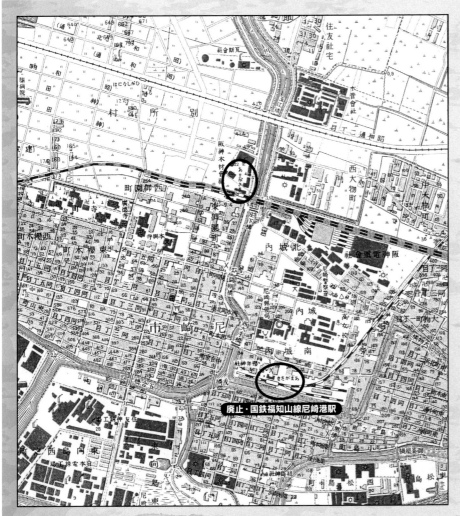

廃止・国鉄福知山線尼崎港駅

昭和4年(1929)

尼崎駅周辺

この時期の尼崎駅周辺では、阪神本線を境目にして市街地と農地が南北に分かれていた様子がわかる。その田園地帯の中を阪神国道線が走っていた。地図の東側には、国鉄福知山線の支線(尼崎港線)が南下し、南城内に尼ヶ崎駅(後に尼崎港駅)が置かれていた。この尼崎港線は昭和56年に旅客営業、昭和59年に貨物営業を廃止し、尼崎港駅も廃駅となった。

また、駅の東側には阪神電鉄の本社が置かれ、城内には尼崎市役所とともに尼崎郵便局、尼崎警察署なども置かれていた。「高女校」と記載されているのは尼崎市立高等女学校で、戦後、尼崎市立尼崎高等学校となり、昭和41年に現在地に移転した。また、尼崎港駅西側にある桜井神社の北側には、尼崎市立中央図書館が誕生している。

昭和42年(1967) 高架化された尼崎駅を北西方から見る。上りホームに停車している3両編成の電車は普通。優等列車を待避しているのだろうか。駅前の緑地帯は空き地の目立つ整備前の様子。広大なペデストリアンデッキが被い、洗練された雰囲気が漂う現在の北口とはかなり趣が異なる。

阪神本線 ▼尼崎

提供：朝日新聞社

でやしき、あまがさきセンタープールまえ

出屋敷、尼崎センタープール前

出屋敷：開業年▶明治38(1905)年4月12日　所在地▶兵庫県尼崎市竹谷町2丁目　ホーム▶2面2線(高架駅)　乗降人数▶10,873人　キロ程▶10.1km(梅田起点)
尼崎センタープール前：開業年▶昭和27(1952)年9月14日　所在地▶兵庫県尼崎市水明町373　ホーム▶3面4線(高架駅)　乗降人数▶10,739人　キロ程▶10.8km(梅田起点)

出屋敷駅はかつての尼崎海岸線の分岐点。現在は単独の高架駅に
尼崎センタープール前駅はファンが集まる尼崎競艇場の最寄り駅

　かつて、海岸方面に延びていた尼崎海岸線との分岐点であったのが、この出屋敷駅である。尼崎海岸線は昭和4(1929)年4月に開業し、一部路線が廃止になった後、昭和37年12月に全廃された。

　出屋敷駅は明治38(1963)年4月に開業している。当初は地上駅だったが、平成6(1994)年1月に尼崎市内連続立体交差事業により高架化された。現在の駅の構造は、相対式2面2線のホームを有する高架駅である。改札口は2階、ホームは3階にある。

　次の尼崎センタープール前駅は、尼崎競艇場の最寄り駅で、出屋敷駅とは0.7キロメートルしか離れていない。その歴史は戦後の昭和27(1952)年9月に始まり、臨時駅からのスタートだった。昭和38年、尼崎海岸線の廃止の代償として常設化されている。

　平成6年、尼崎市内連続立体交差事業により高架駅となった。現在の駅の構造は、単式、複式を組み合わせた3面4線のホームを有している。快速急行、急行が臨時停車する尼崎競艇の開催時以外は、島式2面4線のホームが使用される。駅西側の高架下には、子供向け体験型学習施設「阪神電車まなび基地」を併せ持ち、阪神の研修所「都市交通事業本部運輸部教習所」が置かれ、戦前の小型車である601形、1141形の車両が保存されている。

昭和30年(1955)

尼崎市の西方にある出屋敷駅は住宅街の中に設置されており、本線が地上にあった頃は、一旦ホーム下への通路を通って構内に入る動線だった。駅前は大商業施設のリベルが建つ現在とは異なるのどかな雰囲気。
提供：尼崎市立地域研究史料館

昭和36年(1961)

「ジェットシルバー」5202＋5201号車編成の横に佇むのは尼崎海岸線の71形。出屋敷駅と東浜駅を結んでいた1.7kmの軌道線は、昭和26年に高洲～東浜間が休止となり、昭和37年に全廃された。
撮影：荻原二郎

平成元年(1989)

尼崎センタープール前を発して、低い築堤上を上って行く3000系の下り「快速急行」。線路の北側や踏切付近には、駅周辺の高架化工事に取り掛かる準備として、フェンスが建てられている。
撮影：岩堀春夫

昭和39年(1964)

ゆったりとした幅のホームは、隣接する尼崎競艇場が開催された際の混雑に対応する設えか。臨時駅として開業した尼崎センタープール前駅は、昭和38年に海岸線を廃止する代わりの補償として常設化された。島式ホーム2面4線の構内を備える。
提供：尼崎市立地域研究史料館

阪神本線▶出屋敷・尼崎センタープール前

平成元年(1989)

尼崎競艇場にほど近い踏切を、7101形の下り「特急」が通過して行った。高架化で踏切は消えたが、列車の後ろに見える千鳥団地の建物は、現在もUR都市機構が運営するマンションとして健在だ。
撮影：岩堀春夫

昭和34年(1959)

出屋敷駅で並んだ5001形と古豪1101形。5001形は昭和33年製で、その性能は従来車に比べて飛行機のジェット機とプロペラ機ほどの差があるという意味合いから、「ジェットカー」と呼ばれた最初の車両だ。
撮影：高橋弘

平成元年(1989)

隣接する尼崎競艇場への鉄道駅として、競艇開催時等のみに列車が停まる臨時駅として開業した尼崎センタープール前駅は、昭和38年に常設駅へ昇格。高架化時にはホーム2面4線の構内を持つとなった。
撮影：岩堀春夫

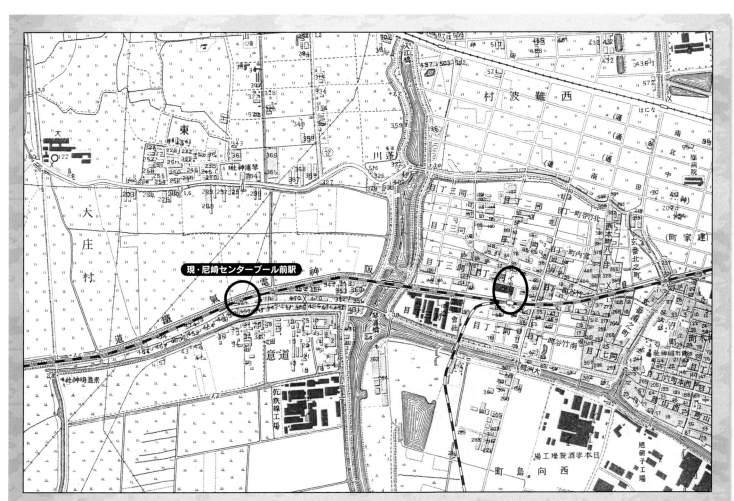

昭和4年(1929) 出屋敷駅、尼崎センタープール前駅周辺

　地図上の阪神本線出屋敷駅からは、南に尼崎海岸線が延びている。この尼崎海岸線は昭和37年に廃止されている。一方、蓬川を渡った西側には「道意」の集落があるが、その西側には農地が広がっている。尼崎競艇場はまだ建設されておらず、阪神の駅も見えない。
　尼崎センタープール前駅が臨時駅として開業するのは昭和27年であり、常設化されるのは尼崎海岸線廃止後の昭和38年である。阪神本線の南側、西端に見える「素戔嗚神社」は現在の道意神社である。地図の北東に見える「大庄村」の文字の北側にある「文」の地図記号は、尼崎市立大庄小学校である。その東側には琴浦神社が鎮座している。また、この当時、出屋敷駅の南西には「鉱泉」と記載された日本麦酒製壜工場が存在した。

むこがわ、なるお

武庫川、鳴尾

武庫川：開業年▶明治38(1905)年4月12日　所在地▶兵庫県尼崎市大庄西町1丁目　ホーム▶2面2線(橋梁上駅)　乗降人数▶28,573人　キロ程▶12.0km(梅田起点)
鳴尾：開業年▶明治38(1905)年4月12日　所在地▶兵庫県西宮市里中町3丁目　ホーム▶2面2線(高架駅：下り線／地上駅：上り線)　乗降人数▶23,649人　キロ程▶13.2km(梅田起点)

川の上にホームが築かれた武庫川駅。ホーム西側では、武庫川線と接続
鳴尾村の有力者が土地を提供して駅が誕生。かつては鳴尾競馬場が存在

　尼崎市と西宮市の間を流れる武庫川の橋梁上に設置されているのが、武庫川駅である。この駅は阪神本線と武庫川線との接続駅であり、武庫川線は駅西側の武庫川信号所から分岐している。

　武庫川駅の開業は明治38(1905)年4月である。太平洋戦争中の昭和18(1943)年11月に武庫川線の南側(現在の路線)部分が開通。昭和19年8月、国道線と連絡する武庫大橋・武庫川間が開通した(現在は廃止)。この路線は戦後、一時営業を休止した後、昭和23年10月に武庫川〜洲先間で営業を再開。昭和59年4月、武庫川団地前駅まで延伸している。

　現在の武庫川駅の構造は、本線は相対式ホーム2面2線、武庫川線は島式ホーム1面2線で、橋の両側に駅舎が設けられている。本線と武庫川線のホーム間には連絡通路がある。

　鳴尾駅も同じ明治38年4月の開業である。この駅付近の阪神本線が大きなカーブを描いているのは、開通時に鳴尾村(現・西宮市)の有力者が土地を提供して誘致したからである。当初は地上駅であったが、西宮市内連続立体交差事業により、平成27(2015)、28年度に下り線、上り線が高架化されている。駅の構造は相対式ホーム2面2線である。この鳴尾駅付近はかつて、鳴尾競馬場が存在した。

昭和48年(1973)

武庫川に架かる橋梁上にホームがあり、尼崎市と西宮市に跨る武庫川駅。当駅を始発とする武庫川線は西宮市方にある。本線上には信号設備等を持たないために、駅の分類上は停留場扱いとなる。

昭和52年(1977)

西宮市東部の住宅街を横切り、武庫川〜鳴尾間を進む7701形の下り「急行」。背後にそびえるビルは、兵庫医科大学、同病院の建物。国道43号線へ続く道と交差する踏切は、現在、高架工事中。

阪神本線▶武庫川・鳴尾

武庫川駅では武庫川線ホームの北側を本線が跨いでいる。右手に曲がって分岐している線路は本線との連絡線。手前の線路は昭和60年4月4日に廃止された武庫川大橋駅へ向かっていた。

和歌を詠む際の題材となる歌枕で、「鳴尾の松」として知られる西宮市東部の鳴尾駅。駅前には昭和42年に明治元年から数えて100年を迎えた記念事業として、木々を植えた庭園が整備された。

鳴尾駅付近を行く7101形の「特急」。昭和45年製の第1編成は、阪神では新製車として最初から冷房装置を装備した車両だった。投入に際して、「六甲の涼しさを車内に」というキャッチフレーズが用意された。

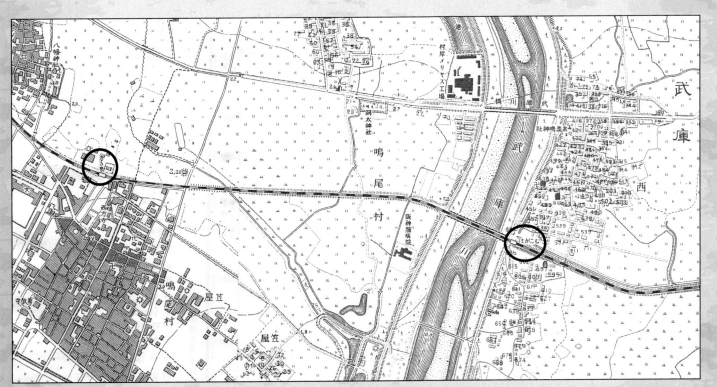

昭和4年（1929）武庫川駅、鳴尾駅周辺

　地図の中央やや東側に、この地域を代表する河川である武庫川が流れている。武庫川の東側は大庄村（現・尼崎市）、西側は鳴尾村（現・西宮市）である。武庫川の東岸に阪神本線の武庫川駅がある。この当時は、武庫川の右西岸を走る武庫川線は開業していない。この上流には、武庫川橋が架かり、西側に岡太神社が鎮座している。

　さらに上流（地図外）には、阪神国道（国道2号）が通る武庫川大橋がある。地図の西端、阪神本線の鳴尾駅の南には鳴尾の集落が広がっている。駅の南西の「文」の地図記号は、明治6年開校の西宮市立鳴尾小学校である。現在は、南東に武庫川女子大学のキャンパスが誕生している。

こうしえん
甲子園

甲子園：開業年 ▶ 大正13（1924）年8月1日　　所在地 ▶ 兵庫県西宮市甲子園7番町　　ホーム ▶ 3面4線（高架駅）　　乗降人数 ▶ 56,104人　　キロ程 ▶ 14.1km（梅田起点）

大正13年、「甲子」の年に誕生した甲子園駅。当時は臨時駅だった
春・夏の全国高校野球大会が開催される、阪神甲子園球場の最寄り駅

　甲子園駅の「甲子」とは、干支の最初にあたる「きのえね」で、阪神甲子園球場が開場した大正13（1924）年がこの年にあたっていた。大正13年8月、全国中等学校優勝野球大会（現・全国高校野球大会）の第10回大会開催に合わせて、阪神甲子園球場が竣工し、阪神本線の甲子園駅が臨時駅として開業した。大正15年7月、甲子園線の甲子園〜浜甲子園間が開通し、通年営業の駅となった。この甲子園線は昭和50（1975）年5月に廃止されている。

　現在の駅の構造は、島式、相対式ホームを組み合わせた3面4線の構造である。駅は、武庫川の支流であった枝川を埋め立てて造った兵庫県道340号（甲子園筋）の上に位置する高架駅となっている。昭和50年までは、東口改札横の甲子園筋側道に2面2線の甲子園線ホームが置かれていた。平成7（1995）年に発生した阪神・淡路大震災では一時、この駅を含む区間が運休になった。平成23年から、駅の大規模な改修工事が行われていた。

　この甲子園駅は、阪神タイガースの本拠地であり、春の選抜高校野球・夏の全国高校野球大会が開催される阪神甲子園球場の最寄り駅であり、試合の開催時には臨時列車の始発駅ともなる。なお、JR東海道線の甲子園口駅とは、約2キロの距離があり、乗り換えには適さない。

甲子園駅は甲子園球場、阪神パークの最寄り。夏休み期間ともなれば駅前の交差点は行楽客で賑わう。高架上に設けられた本線ホームの下に、甲子園線の停留場がある。人混みの向うに発車待ちの路面電車が見える。

撮影：岩堀春夫

甲子園駅4番ホームの電車は高校野球開催時に運転される臨時特急。降車専用の5番ホームは野球開催時等に使われる。しかし、撮影された当日は臨時改札口付近にチェーンが掛かり、閉鎖されていたようだ。

撮影：岩堀春夫

スタンドの最上段まで観客で埋まった甲子園球場では、高校野球の熱戦が繰り広げられているのだろう。その傍らを71形電車が軽やかに進んで行く。魚眼レンズが捉えた真夏の光景だ。

撮影：岩堀春夫

阪神本線▶甲子園

昭和56年(1981)　撮影：岩堀春夫

甲子園〜鳴尾間を行く3501形の梅田行き「特急」。登場時より車体の下半分を朱色に塗装したことから「赤胴車」と呼ばれた最初の形式だった。前端部に設けられた、梯子状のステップが厳めしい。この踏切は焼屋敷踏切で江戸時代からの地名が付いているが、高架工事で踏切は廃止される。

昭和43年(1968)　提供：西宮市情報公開課

甲子園駅近くを行く甲子園線の71形。駅前に並ぶタクシーや大規模なバスターミナルは、昭和40年代に入り、いよいよ自動車が路面電車から道路輸送の主役に取って代わろうとしている様子を窺わせる。

昭和38年(1963)　提供：西宮市情報公開課

甲子園駅の上空から甲子園球場入口ゲート付近を空撮。画面に電車の姿はないものの、向かって左手に甲子園線の軌道敷が見える。軌道を跨ぐ高架道路は国道43号線で、阪神高速はまだできていない。

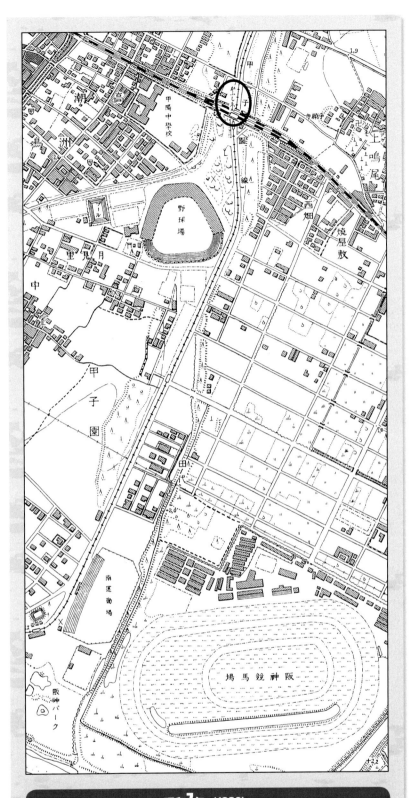

昭和7年(1932)

甲子園駅周辺

　阪神の甲子園線が南北に走るのは、かつて枝川の流路だった位置を通る兵庫県道340号である。地図の北側には、阪神本線の甲子園駅が置かれている。駅南側には阪神タイガースの本拠地、高校野球の聖地である阪神甲子園球場がある。また、その北側に見える甲陽中学校は後に移転し、現在はイオン甲子園店に変わっている。その南側はまだ開発途上で、人家の数は少なかった。

　地図の南には、移転する前の阪神(鳴尾)競馬場、阪神パーク、甲子園南運動場が存在する。阪神競馬場があった付近は、浜甲子園団地などの住宅地に変わり、その北には武庫川女子大学浜甲子園キャンパスが誕生している。

昭和35年(1960)

甲子園球場

阪神本線 ▼甲子園

阪神本線
甲子園駅
第二阪神国道
甲子園線

甲子園球場では夏の全国高等学校野球選手権開会式が開かれている。球場の東側には併用軌道の国道線が健在。画面右手上の本線甲子園駅に隣接する国道線の停留場には電車の姿が見える。球場の北側を横切る阪神高速道路は未だ建設の途中だ。球場上空を朝日新聞社機が祝福の編隊飛行をしている。

提供：朝日新聞社

くすがわ、いまづ
久寿川、今津

久寿川：開業年▶明治38（1905）年4月12日　所在地▶兵庫県西宮市今津曙町13　ホーム▶2面2線（地上駅）　乗降人数▶4,241人　キロ程▶14.8km（梅田起点）
今津：開業年▶大正15（1926）年12月19日　所在地▶兵庫県西宮市今津曙町1丁目　ホーム▶2面2線（高架駅）　乗降人数▶31,803人　キロ程▶15.4km（梅田起点）

久寿川駅は明治38年4月に誕生。開業当初は、今津駅（初代）だった
現在の今津駅は大正15年開業の二代目。阪急今津線今津駅と接続

　西宮市内で名神高速道路と阪神高速3号神戸線が交わる、西宮インターチェンジの東側に位置するのが、久寿川駅である。明治38（1905）年4月に開業したときは、今津駅（初代）を名乗り、大正15（1926）年12月、現在の今津駅（二代目）の開業に伴い、久寿川駅に改称した。

　現在の久寿川駅の構造は、相対式ホーム2面2線を有する地上駅である。今津駅との間は0.6キロ、甲子園駅との間は0.7キロと短く、阪神線の中では乗降客数の少ない駅である。

　次の今津駅は、阪急の今津線が延伸した大正15年12月に阪神、阪急の駅がほぼ同時（1日違い）に開業した。阪急の駅は当初、仮駅であり、昭和3（1928）年3月に移転している。当初の駅は、阪神・阪急（北側）の駅がL字形に置かれ、その後、両駅は並行して存在する形になっていた。

　阪神・淡路大震災後の平成7（1995）年12月、阪急の駅が高架化され、平成13年3月に阪神の駅が続いた。両駅の間は、ペデストリアンデッキで結ばれている。現在の阪神の駅の構造は、相対式ホーム2面2線を有する高架駅、阪急の駅は島式ホーム1面2線を有する高架駅で、ともにホームは3階にある。

昭和36年（1961）

引退を間近に控えた戦前生まれの小型車が、単行で今津駅にやって来た。いかにも古風ないで立ちの電車に比べて、コンクリート製の桁上にあるホームや、スリムなデザインの構内灯が、時の流れをベテラン電車に伝えているかのような光景だ。
撮影：荻原二郎

昭和36年（1961）

今津駅を通過する3011形の元町〜梅田間の「特急」。当初は3両編成だったが、「特急」の需要拡大に応えて編成を組み換え、昭和35年9月のダイヤ改正より4両編成での運転となった。

　今津は阪急今津線との乗換駅。阪急の前身である阪神急行電鉄が、西宮北口駅から路線を延伸して大正15年12月18日に開業。阪神が1日遅れて19日に本線上へ駅を新設した。阪神が地上駅であった時代には写真の通り2社のホームが並んでいた。

昭和51年（1976）

今津駅で各駅停車用の5231形と並んだ3561形の「急行」。個性的なスタイルだった3011形へ、昇圧化への準備とともに3扉化、ロングシート化、貫通扉の取り付け等の改造を施した車両だ。
撮影：岩堀春夫

昭和51年（1976）

撮影：岩堀春夫

阪神本線 ▶ 久寿川・今津

構内の南側に遊具を備えた公園が設けられている久寿川駅は、普通列車のみが停車する。西方に本線を跨ぐ名神高速道路が通る。周囲は阪神高速3号神戸線と交わるジャンクションになっている。

昭和43年（1968）
提供：西宮市情報公開課

昭和51年（1976）
撮影：岩堀春夫

今津駅に「ジェットシルバー」5202と5201号車のコンビがやって来た。各駅停車ながら、4両全てが電動車の強力編成だ。向かい側のホームには、長編成化に対応して延長された部分が見える。

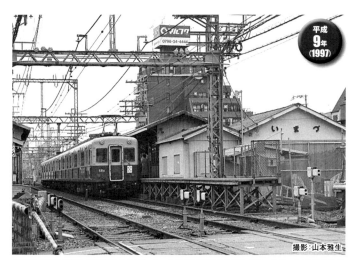
平成9年（1997）
撮影：山本雅生

高架化工事が始まる直前の今津駅。ホーム周辺には工事用地に沿ってフェンスが建ち始めている。平成10年5月30日に下り線が高架化。平成13年3月3日に上り線も高架駅となった。

昭和7年（1932）
久寿川駅、今津駅周辺

　阪神本線には、久寿川、今津の2駅が置かれている。この当時から阪神の今津駅と並ぶ形で、阪急の今津駅が存在し、阪急今津線が宝塚に向かって北に延びていた。今津駅の北東には日蓮宗の寺院、浄願寺があり、その北には西宮市立津門小学校が存在する。元は久寿川駅の位置が今津駅だった。阪急の宝津線開通により連絡駅を今津駅とした。久寿川駅のあたりが今津町の中心に近いことが分かる。

　一方、久寿川駅の南西には常源寺、福應神社が見える。この福應神社は、西宮神社、越木岩神社とともに西宮の「三福神」として知られる古社だが、名神高速道路の西宮インターチェンジ建設のため、昭和41年に現在地に遷座している。その西側には「文」の地図記号が見えるが、現在ここには西宮市立今津小学校、今津中学校が並んで建つ。このうち、今津中学校は戦後間もなくの昭和22年に開校している。

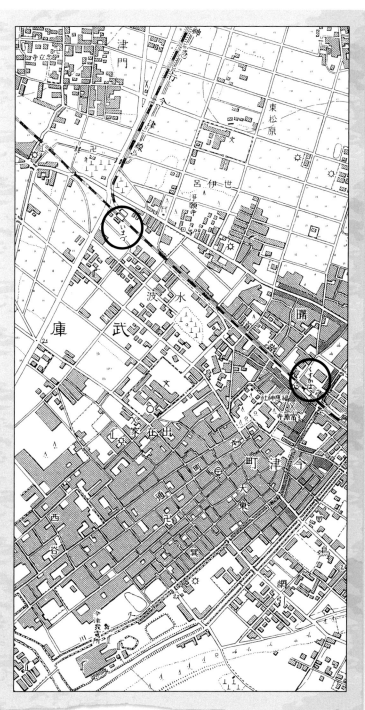

にしのみや
西宮

西宮：開業年▶明治38（1905）年4月12日　所在地▶兵庫県西宮市田中町1丁目　ホーム▶2面4線（高架駅）　乗降人数▶42,384人　キロ程▶16.7km（梅田起点）

阪神本線の主要駅・西宮駅。北を走るJR線に西宮・さくら夙川の2駅 南西に「十日戎」でおなじみの西宮神社。北東には西宮市役所

　西の神戸（元町）方面に進みながら、ゆるやかに北上していた阪神本線は、この西宮駅付近で北を走るJR線と最も接近する。ただ、JRの駅は東に西宮駅、西にさくら夙川駅が存在し、その中間付近の南に位置する。一方、開業当時は西宮の街外れにあった阪急の西宮北口駅は、JR西宮駅からさらに北東に置かれている。

　沿線主要駅の西宮駅は、阪神本線の開通時の明治38（1905）年4月の開業である。駅の周辺は、古くからの西宮市街の中心地であり、南西の社家町には「十日えびす」で有名な西宮神社が鎮座している。北東には、西宮市役所が存在し、阪神国道（国道2号）にも近い。

　昭和時代までは地上駅であったが、阪神・淡路大震災後の平成10（1998）年5月に下り線、平成13年3月に上り線が高架駅となった。このときの高架化工事のために明治38年4月の開業以来、存在していた西宮東口駅が統合、廃止されている。この西宮東口駅と西宮駅との距離はわずか0.4キロだった。

　現在の西宮駅の構造は、島式ホーム2面4線を有する高架駅である。改札口は西口（戎口）、東口（市役所口）が存在し、戎口の下には商業施設「エビスタ西宮」がある。この西宮駅は、梅田方面からの急行の終点となっている。

昭和43年当時の西宮駅南口付近。高架化以前は街の南北が鉄道で分断され、現在も国道2号線に近い北口側に市役所等の行政施設がある。しかし、十日えびすで名高い西宮神社の最寄りは南口となる。

西宮の北口駅舎に隣接していた路線バスのターミナル。駅前広場の中程には、上屋のある乗降所が設置されている。駅舎から続く通路沿いにもバスが乗り付けるレーンがあり、電車との乗り換えの便が図られている。

西宮駅北口付近。分離帯に植えられた裸木が寒い日を窺わせる中、バスを待つ女子学生が歩道に佇んでいる。地上駅時代の北口は西宮駅の表玄関であり、ゆったりとした広場に路線バスののりばが点在していた

最寄りの西宮神社で、例年1月9日から11日にかけて開催される十日えびすの期間中は、ホーム端に臨時改札口が設けられた。まるで木戸口のような木製のゲートを、鈴なりの客が通って行く。

昭和52年(1977)

この踏切は駅の東側で札場筋の踏切。西宮神社とは反対側になるが、大勢の人たちで混雑している。

撮影:岩堀春夫

阪神本線▼西宮

昭和31年(1956)

西宮駅で並んだ上下の「特急」。3011形は丸味を帯びた柔らかいデザインの車体を持つ生粋の特急用車両だ。特急の看板は汎用のものを掲げている。3501形は優等列車の増結用として重宝された。

撮影:山本雅生

昭和61年(1986)

地上時代の西宮駅ホーム。普通列車が待避する傍らに7801形の梅田行き「特急」が入線して来た。当駅は普通から「特急」への乗り換え客でも賑わう輸送拠点の一つだ。

撮影:岩堀春夫

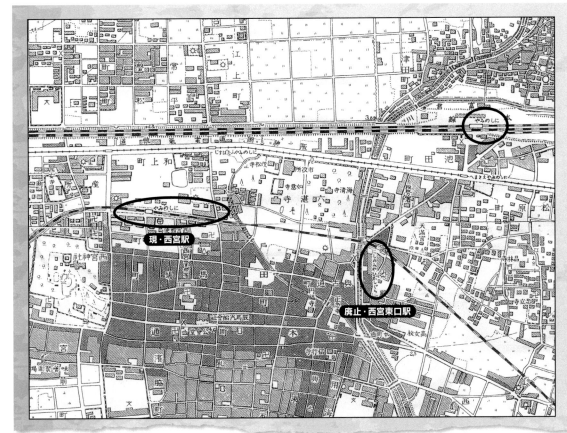

昭和7年(1932)

西宮駅周辺

　地図の上では、北から国鉄東海道本線、阪神国道線、阪神本線がほぼ平行する形で走っている。阪神本線の西宮駅の東側にはこの当時、西宮東口駅が置かれていた。北東から流れる御手洗川と富倉川は、国鉄西宮駅の西側で合流し、西宮東口駅の西側を通り、南へ流れていく。川の西側に見える海清寺、西宮市役所は平成に変わった現在もこの地にある。

　一方、阪神本線の西宮駅の南側(駅前)にあった西宮郵便局は、現在、駅北側の和上町に移転している。また、この駅の南側には西宮警察署があり、さらに南側には辰馬汽船会社が存在していた。駅の南西には西宮のシンボルといえる西宮神社が鎮座しており、その境内の広さを知ることができる。

香櫨園付近を行く601形。大正15年に401形として30両が製造された。壁面を石材で固められた築堤や、細身な鋼製トラスの架線柱が残る阪神沿線は、古豪と共に鉄道近代化前夜の風情が溢れている。
撮影：高田隆雄

2面2線のホームが西宮市松原町の街中に溶け込むようにあった西宮東口駅。梅田方には駅に隣接して踏切があり、沿線住民の生活路になっていた。夏休み最後の日。子ども達が元気に駆けていった。

西宮東口〜西宮間の踏切を7101形の「特急」が通過して行く。西宮駅から400m梅田方にあった西宮東口駅は、周辺の高架化完成で西宮駅に統合され平成13年に廃止された。

80年代も後半に入ると、車両の冷房化がほぼ完了した。優等列車はもちろんのこと、普通列車の屋根にもクーラーを搭載。昭和30年代に登場した新性能車の多くは、冷房化改造時に形式を変えていた。

西宮東口付近にあった踏切。運転頻度の高い本線沿線で近隣住民に配慮して、線路を潜る地下道が設けられていた。利用を促す立札を尻目に、遮断機の前で列車の通過を待つ人影が目立つ。

昭和31年(1956)

阪神本線 ▶ 西宮

国鉄西ノ宮駅
阪神西宮駅
西宮神社
第二阪神国道
国道2号線
香櫨園駅

芦屋市上空から西宮市を望む東方の眺め。画面中央で大きなS字を描く線路が阪神本線だ。下方を横切る夙川に跨る駅が香櫨園。街中に森が広がる西宮神社の左手には阪神の西宮駅がある。山手から国鉄東海道本線、国道2号線、阪神本線と阪神間を横断する主な交通機関が並ぶ。

提供：朝日新聞社

こうろえん、うちで
香櫨園、打出

香櫨園：開業年▶明治40(1907)年4月1日	**所在地**▶兵庫県西宮市松下町1丁目	**ホーム**▶2面2線(高架駅)	**乗降人数**▶10,164人	**キロ程**▶17.8km(梅田起点)
打出：開業年▶明治38(1905)年4月12日	**所在地**▶兵庫県芦屋市打出小槌町13	**ホーム**▶2面2線(地上駅)	**乗降人数**▶12,212人	**キロ程**▶19.0km(梅田起点)

「西宮七園」のひとつ、「香櫨園」に阪神の駅。明治40年4月の開業
芦屋市内最初の駅は「打出」。明治時代に阪神間初の海水浴場が誕生

　甲子園や甲陽園などとともに「西宮七園」のひとつが駅名となっているのが、香櫨園駅である。阪神本線の開通から2年後の明治40(1907)年4月、この「香炉園」駅が開業し、駅の北西に香櫨園遊園地が誕生した。遊園地としての時代は短く、大正時代に「西宮七園」の高級住宅地に変わった。その後、遊園地の一部施設は海岸寄りに移転し、御前浜の香櫨園海水浴場となった。駅名は、平成13(2001)年3月に「香炉園」から「香櫨園」に表記が改称された。

　現在の香櫨園駅の構造は、相対式ホーム2面2線を有する高架駅で、阪神・淡路大震災後に地上駅から高架駅に変わっている。

　阪神本線は西宮市から芦屋市に進み、次の打出駅に到着する。この駅は明治38年4月の阪神本線開通時に誕生した。駅の構造は相対式ホーム2面2線を有する地上駅で、ホーム間は地下道で結ばれている。

　この打出の海岸(打出浜)には、阪神本線の開通により阪神間で初の海水浴場が開かれた。その後、海岸が埋め立てられたことで海水浴場の賑わいは消えた。現在は芦屋浜シーサイドタウン、南芦屋浜の埋め立て地が誕生し、芦屋中央公園、芦屋市総合公園などが開かれている。

昭和35年(1960) 全て電動車で編成された601形の「急行」が打出駅付近を驀進する。客室扉から張り出したステップが、小さな羽根のように見える。昭和30年代の急行運用は阪神の小型車にとって、最後の晴れ姿だった。

撮影：中西進一郎

平成6年 (1994)

高架化前の香櫨園駅舎。夙川を跨ぐ木造駅舎は、鋼製のアーチ橋で組まれた台座の上に建っていた。駅前に道路橋が架かる様子は現在も同じ。川岸には木々が植えられて風情豊かな雰囲気を醸し出す。

本線の打出駅は芦屋市東部の住宅街にある。対向式ホーム2面2線の地上駅。昼間は普通列車のみが停車する。所在地は芦屋市打出小槌町で、伝承や昔話に登場する「打出の小槌」ゆかりの地といわれている。

撮影：岩堀春夫

昭和50年 (1975)

撮影：岩堀春夫

阪神本線 ▼ 香櫨園・打出

昭和50年 (1975)

西宮七園の一つに数えられ、高級邸宅街のブランドイメージが強い香櫨園。それに対して昭和50年代の鉄道駅は、木造駅舎の傍らにトタン屋根を葺いた売店が建つ、庶民的とも映る佇まいだった。

地上駅時代に改札口付近で営業していた香櫨園駅の売店。新聞、週刊誌の他、少年誌や趣味誌が取り扱われ、地域住民の憩いの場でもあった。ガムの陳列台が懐かしい。

撮影：岩堀春夫

昭和50年 (1975)

撮影：岩堀春夫

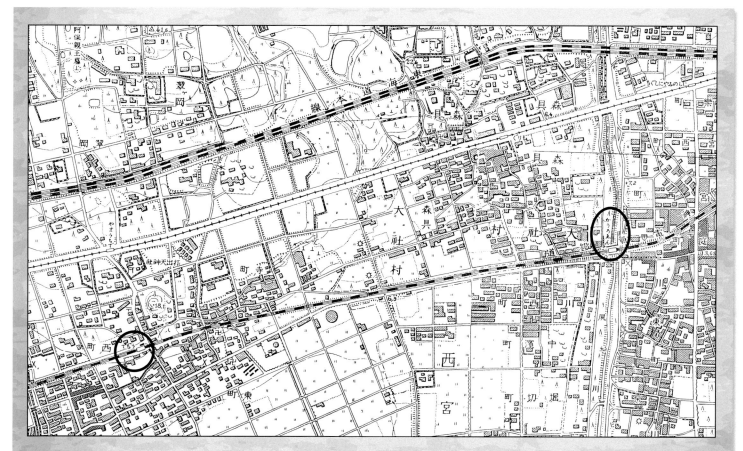

昭和7年 (1932) 香櫨園駅、打出駅周辺

　西宮市前身のひとつの大社村、芦屋市前身のひとつの精道村を走る阪神本線には、香櫨園駅と打出駅がある。また、香櫨園駅は遊園地香櫨園開設にあわせて開業したが、場所は阪急夙川駅付近であり、かなり離れていた。香櫨園の名称は創始者の実業家2名の苗字から名付けられ、略字の香枦園が駅名になっていたが、それでは具合悪いということで駅名を香櫨園に改称している。香櫨園は早くに破綻して閉鎖されたが、駅名はそのままで、駅周辺が香枦園と呼ばれるようになり、地名ではないがいくつかの施設名に「香枦園」が付けられている。地図の南東部分は西宮市である。地図の東側を流れる夙川を跨ぐ形で香櫨園駅が置かれている。一方、北側を走る国鉄東海道本線には、駅は存在しない。

　阪神国道線には、西宮西口、森具、山打出という各停留場が置かれていた。阪神本線の打出駅の北には打出天神社が鎮座している。国鉄線の北には、歌人として有名な在原業平の父である阿保親王の墓が存在し、「親王塚町」の地名の由来となっている。香櫨園駅の南西の中浜町には現在、大谷記念美術館、西宮市立香櫨園小学校がある。

あしや、ふかえ
芦屋、深江

芦屋：開業年▶明治38（1905）年4月12日　所在地▶兵庫県芦屋市公光町　ホーム▶2面2線（地上駅）　乗降人数▶22,983人　キロ程▶20.2km（梅田起点）
深江：開業年▶明治38（1905）年4月12日　所在地▶神戸市東灘区深江北町4丁目　ホーム▶2面2線（上り：地上駅／下り：高架駅）　乗降人数▶16,384人　キロ程▶21.5km（梅田起点）

日本有数の高級住宅地・芦屋の玄関口。JRにも芦屋駅、阪急に芦屋川駅 「深江」は阪神本線における神戸市内の東端の駅。JR線には甲南山手駅

　高級住宅地として知られる芦屋市内で、芦屋川の畔、芦屋市役所の北に置かれているのが阪神本線の芦屋駅である。約500メートル離れた北東には、JR東海道線の芦屋駅が存在している。また、芦屋川沿いを北にさかのぼれば、阪急神戸線の芦屋川駅がある。

　阪神の芦屋駅の開業は明治38（1905）年4月である。駅の構造は相対式ホーム2面2線の地上駅で、駅舎、改札口は地下に置かれている。全列車が停車する、阪神本線の主要駅のひとつである。芦屋川を跨いで存在するこの駅の西側には、神戸市東灘区との境界線が存在する。

　次の深江駅は阪神本線における神戸市内最初の駅である。駅の開業は、芦屋駅と同じ明治38年4月である。開業以来、地上駅であったが、現在、連続立体交差事業による駅の高架化工事が行われており、下り線ホームは既に高架となっている。駅の構造は、相対式ホーム2面2線である。駅の南西には、神戸大学深江キャンパスが誕生している。

　この深江駅の北東、約800メートル離れたところには、平成8（1996）年10月に開業したJR甲南山手駅が存在する。一方、芦屋市と神戸市の境界付近には阪急神戸線の駅は存在せず、最も近いのは岡本駅である。

芦屋～打出間の築堤部を行く、5201形4連の上り各駅停車。5101形、5201形は昭和34年、35年に製造された量産形の「ジェットカー」。空気バネを装備した台車が力強い印象だ。

昭和50年（1975）

撮影・岩堀春夫

昭和32年（1957）

今日では道路との立体交差化が完了しているこの付近でも、3011形が「特急」として俊足を誇っていた昭和30年代には、線路沿いに小路が続いていた。専用の特急マークが格好いい。

撮影・高田隆雄

阪神本線 ▶ 芦屋・深江

昭和4年(1929)

高級住宅地で知られる芦屋市内に設置された芦屋駅。路線が本格的に近代化されるまでは、道路から木戸のような改札口を抜けてホームへ上がる簡易な構造だった。

提供：阪神電気鉄道

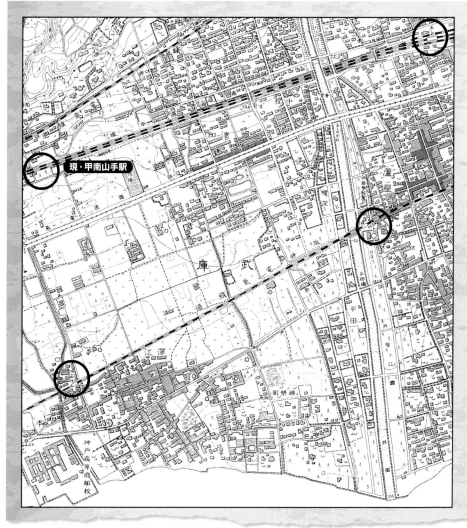

昭和44年(1969)

地上駅時代の本線深江駅。構内の梅田方に国道43号線へ続く道路との踏切があり、その袂に構内へ入る通路の出入り口があった。平成27年に下り線が高架化され、上り線の高架化は平成31年度に完成の予定。

昭和7年(1932)

芦屋駅、深江駅周辺

　地図の中央には「武庫」（武庫郡）の文字が見えるが、現在は東側が芦屋市、西側が神戸市東灘区となっている。地図の東側を芦屋川が流れ、川沿いには阪神本線の芦屋駅、阪神国道線の芦屋川駅が見える。国鉄の芦屋駅は、北東側に置かれている。阪神本線の芦屋駅の南側には精道村の役場が存在し、現在は芦屋市役所に変わっている。芦屋川の東側は、緑豊かな芦屋公園となっている。
　一方、深江駅南側の海岸には、神戸高等商船学校がある。この学校は戦後、神戸商船大学となり、平成15年に神戸大学と統合され、神戸大学海事科学部（深江キャンパス）となっている。この付近には現在、阪神高速3号神戸線が通っている。

49

青木、魚崎

おおぎ、うおざき

青木：開業年▶明治38(1905)年4月12日　所在地▶神戸市東灘区北青木3丁目　ホーム▶2面4線(上り：地上駅／下り：高架駅)　乗降人数▶15,118人　キロ程▶2.6km(梅田起点)
魚崎：開業年▶明治38(1905)年4月12日　所在地▶神戸市東灘区魚崎中町4丁目　ホーム▶2面2線(地上駅／橋上駅)　乗降人数▶26,493人　キロ程▶23.8km(梅田起点)

青木駅は地上駅から高架駅に。平成7年1月に一時、「被災地の玄関口」
六甲ライナーと接続する魚崎駅。住吉川東西に阪神、六甲ライナーの駅

　この青木駅は平成7(1995)年、阪神・淡路大震災の発生時、いち早く神戸市内への路線が復旧した阪神本線において、「被災地の玄関口」となった駅である平成7年1月26日、甲子園〜青木間が復旧し、営業を再開した。さらに西に向かう青木〜御影間が復旧したのは、同年2月11日である。

　青木駅が開業したのは、明治38(1905)年4月である。開業以来、長く地上駅だったが、連続立体交差事業により平成27年12月、下り線が高架化された。なお、上り線は高架化の工事中である。駅の構造は島式ホーム2面4線となっている。

　次の魚崎駅は神戸新交通六甲アイランド線(六甲ライナー)との連絡駅である。六甲アイランド(マリンパーク駅)とJR住吉駅を結ぶ六甲ライナーは、平成2(1990)年2月に開通した。阪神の魚崎駅は住吉川の左岸(東側)、六甲ライナーの魚崎駅は住吉川の右岸(西側)にあり、川を渡る連絡通路(歩道橋)が設置されている。

　魚崎駅の開業は青木駅と同じ明治38年4月である。駅の構造は、相対式2面2線のホームを有する地上駅で、平成2(1990)年に駅舎改築により、阪神本線で唯一の橋上駅舎となった。この駅の南西には、灘の酒の大手メーカーのひとつ菊正宗酒造の「菊正宗酒造記念館」がある。

撮影：岩堀春夫

平成7年(1995)

青木駅を通過して行く下り「特急」と待避線に入って来た上りの普通。神戸市東灘区にある青木駅にはかつて、快速急行等の優等列車が停車したが現在は普通の他、区間特急のみが停車する。

撮影：山本雅生

昭和31年(1956)

昭和初期

明治38年に本線と同時に開業した青木駅(停留場)。神戸市東灘区の港湾近くに設置されたが、開業当初の駅周辺は長閑な雰囲気で、北方に六甲の山並みが望まれた。停車中の電車は開業時に用意された1形。

青木駅を強烈な加速で発車して行く5101形、5201形の各駅停車。各停といえば多くの鉄道では地味な存在だが、駅間が短い阪神では高加速強減速性能を誇る「ジェットカー」は看板車両の一つだった。

阪神本線 ▶ 青木・魚崎

昭和31年（1956）

青木駅付近を行く5201形の1号車と2号車。ジェットカーの主力として30両が製造された5201形の中でも、最初期に登場したスキンステンレス車体の2両は、一目でそれと分かる特別な存在だった。阪神の車両近代化を牽引したイメージリーダーである。
撮影：山本雅生

平成7年（1995）

魚崎駅へ入って行く下り急行列車。全車が冷房化され、6両編成を組んだ姿は今日運転されている阪神電車と遜色ない。駅近くの築堤付近には、線路沿いにフェンスが建てられ下の道には重機が見える。改修工事が行われている様子だ。
撮影：岩堀春夫

COLUMN
兵庫県史に登場する阪神電鉄

　県下を走った最初の電気鉄道は、阪神電気鉄道であった。神戸－大阪間の電気鉄道設置は、26年から伊丹の小西新右衛門、神戸の小曽根喜一郎らによって計画が進められていたが、一方大阪の外山修造・藤田傳三郎・住友吉左衛門ら10人もまた同じ計画をもち両者は競願となった。しかし29年大阪側が願書を下げ、両者が合同して企画することになった。そして30年6月神戸－尼崎間、翌年に尼崎－大阪間の延長路線が認められたので、32年6月摂津電気鉄道株式会社を創立し、社長に外山修造が就任、翌月社名を阪神電気鉄道株式会社と改称した。

　いよいよ工事に着手する段階になって、不況期のため資金難に苦しんだが、36年4月にようやく第三銀行（頭取安田善四郎）3回にわたって総額150万円の社債を一手に引受けてもらうことに話がまとまり、危機を切抜けた。日露戦争中も工事を進め、38年4月12日大阪出入橋－神戸三宮間19マイル1チェーンが開通した。

　毎日午前5時から午後10時まで12分間隔で走ったが、大阪－神戸間所要時間は1時間半であった。「車輛は米国最新式80人乗のボギー敷にして、腰掛は総て天鵞絨を以って張詰め、某内部天井には電燈8個、前後入口には2個を装置し夜間と雖も白昼と同じかるべし」と当日の『神戸又新日報』は報じている。軌道幅は広軌の4フィート8インチ半で、車両の両側は全部ガラス窓をはめ、蒸気機関車に慣れた目にはその軽快さは驚きであった。

　当時の株主の構成をみると、筆頭株主は第三銀行の支配権をもつ安田善次郎で、38年前半期では株数の27.5％を一人で占めている。営業開始時には、県下の株主としては創立以来関係していた小曽根一郎と川崎正蔵があるだけで、東京の安田や三菱（益田孝）などの大資本の進出を許していた。

　阪神電気鉄道に続いて、箕面有馬電気軌道や神戸電気鉄道・兵庫電気軌道も開業する。箕面有馬電気鉄道株式会社（現京阪神急行電鉄）は、39年3月末の鉄道国有法によって阪鶴鉄道が国有となるため、同社の社長田艇吉や土居通夫・弘道輔ら阪鶴関係者が発起人となって計画した。
（中略）
　阪神もまもなく40年から岩下系の島徳蔵や今西林三郎の進出でしだいに安田資本を脱し、大正期には北浜銀行系に変わっていく。

昭和7年（1932）
青木駅、魚崎駅周辺

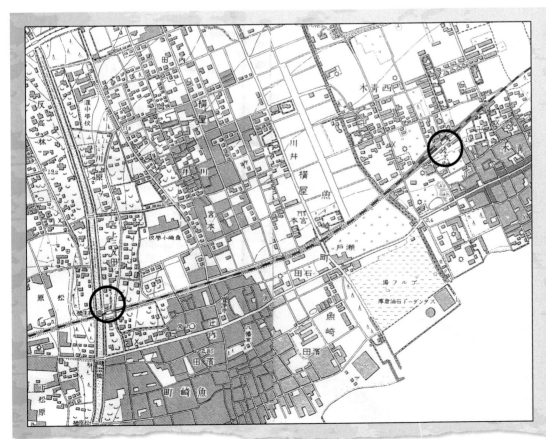

　この付近の阪神本線は、阪神国道（国道2号）と離れて、かなり南側の海岸線近くを走っていたことがわかる。現在は沖合に人口島の魚崎浜町（神戸東部第三工区）が誕生している。地図の東側に置かれた青木駅の西側には工場が点在し、東側には「卍」の地図記号で示される無量寺がある。この当時、魚崎駅との間の海岸にあったゴルフ場は現在、神戸市立魚崎中学校の校地などに変わっている。さらに西側には魚崎八幡宮、覚浄寺が見える。

　一方、地図の左側を流れる住吉川沿いに魚崎駅が置かれている。この川の上流には、進学校として名高い名門校・灘中学校・高校が存在している。現在、川の西岸にはJR住吉とマリンパークを結ぶ六甲ライナーが走っている。

住吉、御影

すみよし、みかげ

住吉：開業年 ▶ 明治38（1905）年4月12日	所在地 ▶ 神戸市東灘区住吉宮町5丁目	ホーム ▶ 2面2線（高架駅）	乗降人数 ▶ 2,805人	キロ程 ▶ 24.6km（梅田起点）
御影：開業年 ▶ 明治38（1905）年4月12日	所在地 ▶ 神戸市東灘区御影本町1丁目	ホーム ▶ 2面4線（高架駅）	乗降人数 ▶ 25,068人	キロ程 ▶ 25.1km（梅田起点）

昭和4年に誕生した住吉駅現駅舎は、阪神間モダニズムのスタイル残す 名酒のふるさと「灘五郷」のひとつに明治38年4月、御影駅が開業

　昭和4（1929）年に高架駅となった住吉駅は、当時流行していた阪神間モダニズムのスタイルを残した瀟洒な駅舎を有している。明治38（1905）年4月の開業以来、この区間の阪神本線は併用軌道を使用していたが、昭和4年に高架化された。現在の駅の構造は相対式ホーム2面2線を有する高架駅で、ホームは2階にある。

　この駅の北側、約600メートル離れた場所には、JR東海道線、神戸新交通六甲アイランド線（六甲ライナー）の住吉駅が存在する。JRの住吉駅は明治7年6月に開業した古参駅で、駅のすぐ西側には地名、駅名の由来となった古社、本住吉神社が鎮座している。

　次の御影駅は西宮郷、魚崎郷などと並ぶ名酒のふるさと「灘五郷」のひとつ、御影郷の玄関口である。御影駅の開業は明治38年4月である。阪急の神戸線にも御影駅が存在するが、約1.2キロ山（北）側にあり、こちらの御影駅は大正9（1920）年7月の開業である。

　この御影駅は隣りの住吉駅との距離はわずか0.5キロ、石屋川駅との距離も0.6キロとかなり短い。現在の駅の構造は、島式ホーム2面4線を有する高架駅で、ホームは大きくカーブしている。平成7（1995）年1月の阪神・淡路大震災時の発生後は一時、営業を休止し、2月に青木〜御影間が復旧した。6月に御影〜西灘間が復旧し、阪神本線の全線が開通した。

昭和25年（1950）

撮影：亀井一男

住吉駅に入線する601形3連。客室扉にステップが取り付けられる昭和29年以前に撮影されたものだ。すっきりとした側面が全面5枚窓の小型車を、より流麗に見せる。貫通ドアには旧塗装が残っている。

昭和初期

御影駅に入線する801形の「急行」。客室扉部にステップが取り付けられていない美しい姿だ。高い築堤上にある本線の車窓からは、モダンな佇まいを見せる神戸市東灘区の街並みを見渡すことができた。

提供：阪神電気鉄道株式会社

阪神本線 ▶ 住吉・御影

昭和25年(1950)

早春の晴れた日には、遠くに六甲山系がくっきりと見える。迫り来る上り列車の先頭に立つ車両は1001形。木造車の331形に鋼製車体に乗せ換えた改造車だ。昭和6年から8年にかけて製造された。

撮影：亀井一男

年代不詳

併用軌道線から移転して間もない御影駅付近の高架区間。本格的な高架橋が続き、鋼製トラスのガントリーが並ぶ様子は高速鉄道の風格さえ漂う。トロリー集電の併用軌道用電車は、最新施設に気後れしているかのように映る。

撮影：亀井一男

大正初期

本線の新規開業を知らせる掲示物。起終点駅、尼崎、西宮の主要駅に交じって御影駅が掲載され、いずれの駅間も乗車料金は5銭と設定されている。午前5時から午後10時まで、12分間隔で運転した。

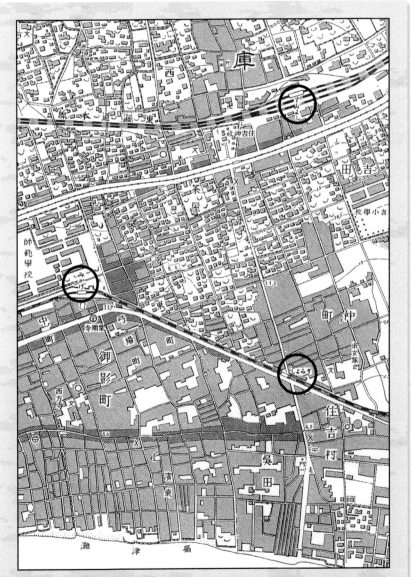

昭和7年(1932) 住吉駅、御影駅周辺

現在は、神戸市東灘区にある阪神本線の住吉駅と御影駅周辺の地図である。この当時は、北東部が住吉村、南西部が御影町に分かれていた。北側を走る国鉄東海道本線には、歴史の古い住吉駅が置かれており、その南西には本住吉神社が鎮座している。住吉村の役場は、この西側にあった。阪神の住吉駅の東側には「求女塚（東求女塚古墳）」があり、灘区の「西求女塚古墳」とともに「菟原乙女」の伝説に包まれた場所である。

一方、御影駅の北側には、兵庫県御影師範学校の広い校地が見える。この学校は現在の神戸大学教育学部（現・発達科学部）の前身のひとつである。この学校の跡地には、ショッピングセンター「御影クラッセ」が誕生している。

いしやがわ、しんざいけ
石屋川、新在家

石屋川：	開業年▶明治38（1905）年4月12日	所在地▶神戸市東灘区御影石町2丁目	ホーム▶1面2線（高架駅）	乗降人数▶5,929人	キロ程▶26.6km（梅田起点）
新在家：	開業年▶明治38（1905）年4月12日	所在地▶神戸市灘区新在家北町1丁目	ホーム▶2面2線（高架駅）	乗降人数▶10,526人	キロ程▶27.5km（梅田起点）

神戸市東灘区・灘区の境目に石屋川駅。西側には阪神の石屋川車庫あり 明治38年4月の開業時は「東明」。昭和5年2月、二代目「新在家」駅に

　石屋川の畔にある石屋川駅は、神戸市東灘区（旧石屋村・御影町）と灘区の境界付近に位置する。この駅の東と南は東灘区であり、北西は灘区になっている。駅の西側には、阪神の石屋川車庫が存在し、この西側からは灘区に変わる。

　石屋川駅は明治38（1905）年4月の開業である。この駅も平成7（1995）年1月の阪神・淡路大震災では大きな被害を受けて休止となり、石屋川車庫も被災した。駅の営業再開は6月で、石屋川車庫の再建は平成8年3月である。現在の駅の構造は、島式ホーム1面2線の盛土高架駅で、ホームの一部は石屋川を跨いでいる。なお、阪神・淡路大震災前までは、相対式2面2線のホームを有していた。

　次の新在家駅は、「新在家」としては二代目の駅であり、明治38年4月の開業時は「東明」を名乗っていた。昭和4（1929）年までは、この駅と大石駅との間に初代の「新在家」駅が存在した。昭和5（1930）年2月、「東明」から「新在家」（二代目）に改称し、昭和42（1967）年7月、高架化に伴い、北側に移転している。この駅も阪神・淡路大震災で被災し、平成7年6月まで営業を休止していた。

　この駅の北側には、灘区役所があり最寄り駅となっている。さらに北側には、JR東海道線の六甲道駅が置かれている。

昭和38年（1963）
石屋川付近を颯爽と駆ける851形5連の「急行」。ロングシート車でありながら、客室扉2か所のゆったりとした窓割を持つ。前面貫通扉に大きめの手すりが斜めに取り付けられ、その形状から「喫茶店」と呼ばれていた。

撮影：中西進一郎

昭和38年（1963）
戦前派の小型車両主体の陣営で、阪神間で同様な経路をたどる国鉄、阪急との俊足合戦に苦戦を強いられていた阪神が、逆転を狙って投入した特急用車両が3011形だった。

撮影：中西進一郎

阪神本線 ▼ 石屋川・新在家

平成7年(1995)

平成7年1月17日に起こった阪神淡路大震災で、本線の新在家～石屋川間にある石屋川車庫は、構内を構成する高架部分が崩壊した。留置車両58両が被災し、うち24両が廃車となった。施設は平成8年に再建された。
撮影：岩堀春夫

平成7年(1995)

阪神淡路大震災では新在家駅も甚大な被害を受けた。写真は崩落した梅田方の高架部分である。迅速な復旧工事により、被災から約半年後の6月26日に御影～西灘間が営業を再開して本線の全線が復旧した。
撮影：岩堀春夫

昭和38年(1963)

高架化前の新在家駅付近を走る5201形の3連。前の2両は「ジェットシルバー」の愛称で親しまれた5201、5202号車。当時、阪神唯一のスキンステンレス車体で製造された2両はコンビを組んで運用される場合がほとんどだった。
撮影：中西進一郎

昭和7年（1932）
石屋川駅、新在家駅周辺

石屋川駅と東明駅（現・新在家駅）のある付近では、阪神本線は北側の阪神国道線とほぼ並行して走っている。石屋川の下流には阪神本線の石屋川駅があり、上流には阪神国道線の徳井停留場が存在した。石屋川駅の南西に見える「処女塚」は、住吉駅付近の「求女塚（東求女塚古墳）」とともに「菟原乙女」の伝説にまつわる「処女塚古墳」で、現在は処女塚公園となっている。その西側に見えるのは現在の阪神の石屋川車庫である。

一方、現在の新在家駅は昭和5年までの駅名が「東明」であり、その記述が地図上に残っている。この駅に対応する、北側の阪神国道線の停留場は「八幡」である。現在はこの付近に灘区役所が誕生している。

おおいし、にしなだ

大石、西灘

| 大石： | 開業年▶明治38（1905）年4月12日 | 所在地▶神戸市灘区船寺通1丁目 | ホーム▶2面4線（高架駅） | 乗降人数▶9,984人 | キロ程▶28.5km（梅田起点） |
| 西灘： | 開業年▶昭和2（1927）年7月1日 | 所在地▶神戸市灘区都通5丁目 | ホーム▶2面2線（高架駅） | 乗降人数▶6,548人 | キロ程▶29.1km（梅田起点） |

都賀川の上にホームがある「大石」。かつては山陽電鉄の列車が乗り入れ「西灘」は昭和2年7月、阪神国道電軌（阪神国道線）の開通時に設置

　阪神本線には、武庫川、香櫨園といった川の上にある駅が多いが、この大石駅も都賀川の上に存在する。また、この駅も石屋川駅と同様、昭和42（1967）年7月に高架化に伴い、北側に移転している。駅の開業は阪神本線開業時の明治38（1905）年4月である。

　現在の駅の構造は、島式2面4線のホームを有する高架駅である。平成13（2001）年3月までは、山陽電気鉄道の列車が当駅まで乗り入れていた。現在も回送列車はこの駅までやってくる。また、駅の南西には、西郷小学校、神戸西郷郵便局がある。この「西郷」とは、名酒のふるさと「灘五郷」のひとつ、西郷（西組）に由来する。

　次の西灘駅は、隣駅の大石駅とはわずか0.6キロしか離れておらず、阪神本線の開業時には存在しなかった駅である。西灘駅の開業は昭和2（1927）年7月で、このとき、東側を通る阪神国道（国道2号）に阪神国道電軌（阪神国道線）が開通し、同時に西灘駅が置かれたが、昭和49年3月に廃止されている。

　現在の駅の構造は、相対式2面2線のホームを有する高架駅である。この西灘駅は平成7年1月の阪神・淡路大震災により、営業を休止。駅が再開したのは3月の西灘〜岩屋間の営業再開時である。6月には駅舎が全面復旧し、西灘〜御影間も営業を再開し、阪神本線が全線復旧した。

昭和42年（1967）
移転高架化間もない西灘駅を山手の上空から望む。高架鉄道の手前にある鉄道駅は旧国鉄東海道本線の貨物駅だった東灘。両駅間は直線距離で250mほどである。東灘駅は平成28年に旅客扱いを行う摩耶駅となった。

大石駅

旧大石駅（現・西灘公園）

提供：朝日新聞社

昭和49年(1974)

西灘駅は本線が国道2号線を跨ぐ場所に設置されている。国道線の営業時には、乗換え駅としての役割を担っていた。国道線上甲子園〜西灘間は昭和49年3月17日に廃止された。

撮影：岩堀春夫

阪神本線 ▼ 大石・西灘

昭和43年(1968)

大石駅に停車する電車は山陽電気鉄道の3000形。神戸高速鉄道の開業に伴い、山陽電鉄線、神戸高速鉄道を経由する当駅まで、阪神と山陽電鉄の相互直通運転が昭和43年4月7日から実施された。写真は直通運転の初日に撮影されたものである。

撮影：荻原二郎

昭和48年(1973)

西灘駅の手前で本線は国道2号線を短い橋梁で跨ぐ。国道上には国道線が通り、この路面軌道線が現役であった当時、西灘は数少ない両路線の連絡駅だった。二つの路線は同じ標準軌間だったが、当駅周辺に連絡線等、両路線を結ぶ施設はなかった。

撮影：岩堀春夫

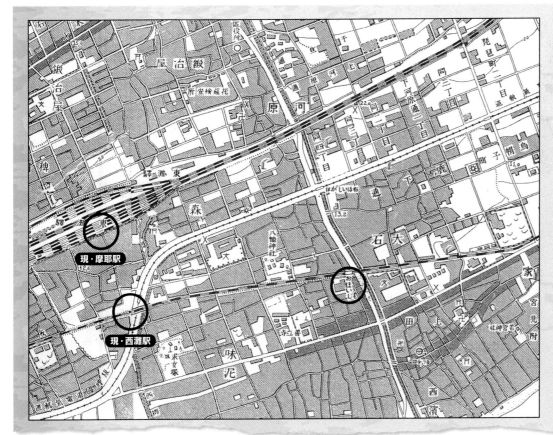

昭和7年(1932)
大石駅、西灘駅周辺

　大石川の下流には阪神本線の大石駅があり、上流には阪神国道線の大石川停留場が存在する。一方、阪神国道が阪神本線と交わる場所には、「西灘」の停留場が見えるが、阪神本線の西灘駅は見えない。なお、西灘駅の開業は阪神国道線の開通と同じ、昭和2年7月である。この西灘駅・停留場の南東に見える「求女塚」は「兎原乙女」伝説ゆかりの場所で、現在は「処女塚西公園」となっている。

　この当時、北側を走る国鉄東海道本線には、貨物駅である東灘駅が置かれていた。この駅は操車場、信号所に格下げされた後の平成28年3月に旅客駅として復活し、摩耶駅が開業した。現在は南側に国道43号、阪神高速3号神戸線が開通している。

いわや、かすがのみち
岩屋、春日野道

岩屋：開業年▶明治38(1905)年4月12日　所在地▶神戸市灘区岩屋北町4丁目　ホーム▶2面2線(半地下駅)　乗降人数▶10,011人　キロ程▶29.7km(梅田起点)
春日野道：開業年▶明治38(1905)年4月12日　所在地▶神戸市中央区吾妻通1丁目　ホーム▶2面2線(地下駅)　乗降人数▶13,266人　キロ程▶30.8km(梅田起点)

地上を走ってきた阪神本線は、この岩屋駅の西側から地下区間に入る
阪神本線・阪急神戸線に春日野道駅。南北をアーケード商店街が結ぶ

　神戸市内を走ってきた阪神本線は、この岩屋駅までが地上駅で、この駅より西は地下駅に変わる。この地下線への移行は、昭和8(1933)年6月に行われた。地下線に変わる前には、春日野道駅との間に、脇浜駅が置かれていた。

　岩屋駅の開業は、明治38(1905)年4月である。駅の構造は、長く島式ホーム1面2線であったが、平成13(2001)年に駅舎改良工事が完成し、相対式ホーム2面2線の構造に変わった。駅の北西、約200メートル離れた場所にJR東海道線の灘駅が存在する。この灘駅は大阪〜神戸間の開業時には存在せず、大正6(1917)年12月に開業している。

　次の春日野道駅は、神戸市中央区内の駅となる。岩屋駅と同じく明治38年4月の開業で、現在は地下駅となっている。駅の構造は島式ホーム1面2線である。この春日野道駅は、平成16年9月の新ホームへの切り替え前には、ホームの幅がわずか2.6メートルしかなく、「日本一幅の狭いホーム」として広く知られていた。現在も旧ホームは撤去されず、ほぼ原型のまま残されている。

　阪神本線の春日野道駅の北西400メートルほど離れた場所には、アーケードをもつ春日野道商店街で結ばれた、阪急神戸線の春日野道駅がある。この阪急線と並行して走るJR線には、連絡可能な駅は存在しない。

昭和初期

昭和8年に開店した、そごう神戸店から大阪方を望む。岩屋〜神戸間に地下を通る新線が開業したのも昭和8年6月17日で、国鉄三宮駅の近くに神戸駅が開業した。

昭和初期

国有鉄道東海道本線の灘駅を発車してきた上り列車は昭和初期の撮影。灘駅と阪神の岩屋駅とは僅か200mほどしか離れていない。東海道本線吹田〜神戸間は昭和9年7月20日に電化された。

年代不詳

岩屋駅を5201形の回送列車が発車して行く。本線は当駅より神戸方が全て地下区間となる。ホームは写真の1面2線から2面2線の構造に変貌したがホームは2つとも北側に面し対向式ではない。

撮影：山本雅生

阪神本線 ▼ 岩屋・春日野道

平成7年（1995）

島式ホーム1面時代の岩屋駅。ホームのすぐ西方には上下線のトンネルが口を開けている。これより先は元町駅まで地下区間となる。阪神淡路大震災後に駅の南側が再開発され、構内はホーム1面が追加された。形状は対向式ホームだが、ホームの間に敷設されている上り線の列車に2番ホームからは乗車できない変則的な構造になっている。

撮影：岩堀春夫

平成7年（1995）

トンネル入り口に挟まれた階段を上って行くと西口駅舎内の改札口に出る。平成11年から12年にかけて施工された駅改良工事で駅舎は移転し、駅周辺は広場や駐車場が整備された。かつては構内の東西に改札口があった。しかし、太平洋戦争後の水害で駅周辺が被災した際に東口は廃止され、1か所の出入り口で現在に至っている。

撮影：岩堀春夫

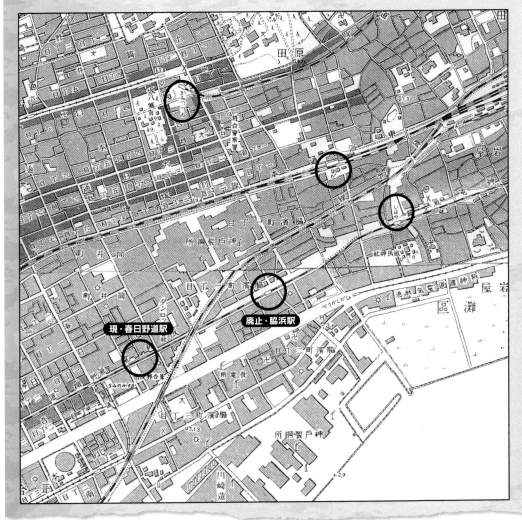

昭和7年（1932）
岩屋駅、春日野道駅周辺

地図の南側の脇浜町にはこの当時、神戸製鋼所があり、阪神国道電気軌道（阪神国道線）の終点である東神戸停留場が置かれていた。この停留場の北東には敏馬神社が鎮座している。神社のすぐ北側を通る阪神本線には、東から岩屋、脇浜、春日野道の3駅が置かれていた。このうち、脇浜駅は駅のある区間が地下化された際に廃止された。

北側を走る国鉄東海道本線の東灘貨物駅からは貨物線（通称：神戸臨海線）が南下していたが、現在は廃止されている。西側に存在する灘駅は、大正6年に新設開業した二代目の駅である。一方、さらに北側を走る阪急神戸線は上筒井駅が神戸側の終着駅で、ここで神戸市電に連絡していた。

59

こうべさんのみや
神戸三宮

神戸三宮：開業年▶明治38（1905）年4月12日　所在地▶神戸市中央区小野柄通8丁目　ホーム▶島式2面3線（地下駅）　乗降人数▶100,389人　キロ程▶32.1km（梅田起点）

神戸随一の繁華街・三宮に「神戸三宮」駅。地上時代には「滝道」駅も
昭和8年6月、地下駅が誕生。昭和11年3月には元町駅まで延伸

　神戸を代表する繁華街である三宮には、この阪神本線だけでなく、JR、阪急、神戸市営地下鉄、神戸新交通の駅が置かれている。この中では、阪神本線の神戸三宮駅が最も古く置かれた駅である。

　明治38（1905）年4月、阪神の大阪～神戸間が開通したときには、神戸駅（初代、神戸雲井通）駅という併用軌道上の駅であった。当初は終着駅だったが、その後、1912（大正元）年11月に阪神本線が滝道の南側に延伸し、新しく滝道（神戸、二代目）駅が誕生したため、三宮駅に改称されている。

　昭和8（1933）年6月、阪神本線が地下路線となり、三宮駅は再び終着駅（地下駅）となり、神戸駅（三代目）と改称し、滝道駅は廃止された。昭和11年3月、元町駅までの延伸で、終着駅の地位を失い、三宮駅と改称した。平成26（2014）年4月、現在の駅名である神戸三宮駅に改称している。

　現在は、阪急神戸線の駅も同じ「神戸三宮」を名乗っており、神戸新交通、神戸市営地下鉄（西神・山手線）の駅は「三宮」である。また、JR東海道線の駅は明治7年5月の官設鉄道開業以来、「三ノ宮」駅であり、当初の駅は現在の元町駅の場所に置かれていた。

　阪神本線・神戸三宮駅の構造は、地下駅としての開業時は頭端式4面3線のホームを有していたが、現在は島式2面3線のホームに変わっている。なお、当駅折り返しの2番線以外は乗り入れ相手の近鉄の車両は入線しない。

提供：阪神電気鉄道
地上時代の三宮駅構内。路面軌道上に被さる大屋根は、今日に見られるバスターミナルの様相を呈している。大きな切り抜き文字が目立つ「大阪行」の看板が客を誘う。

昭和8年（1933）地下駅開業時に運転された試運転列車。当時の主力車両801形は「和風通號」のヘッドマークを掲げる。紋付き袴にスーツ姿の招待客。頭のカンカン帽子は当時の流行だ。
提供：朝日新聞社

阪神本線 ▶ 神戸三宮

昭和8年(1933)

提供：阪神電気鉄道

地下ホームの全景。構内を支える柱や改札口のラッチには、曲線のデザインがふんだんに取り入れられている。電車の前面も曲面で、戦前の優雅な時代を反映していた。

昭和8年(1933)

提供：阪神電気鉄道

重厚な雰囲気を湛える旧三宮阪神ビル。直下に阪神の三宮駅があり建物内に駅への出入り口があった。地下駅が開業した昭和8年、同時にビル内でそごう神戸店が開業した。

昭和49年(1974)

撮影：岩堀春夫

阪神の三宮駅に隣接して、国鉄東海道本線の三ノ宮駅が建つ。阪神間で阪急を交えて三つ巴の顧客獲得合戦を象徴するかのように、国鉄「新快速」の看板が駅舎上に掲げられている。

昭和49年(1974)

撮影：岩堀春夫

昭和8年に地下化された神戸市内の拠点駅三宮。阪神の三宮駅は明治38年4月12日に神戸駅として開業。その後、三宮、神戸、また三宮と3回改称した。平成26年に改称した神戸三宮が現在の駅名。

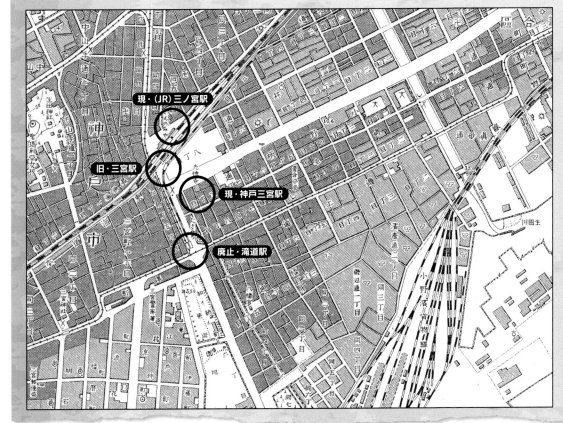

昭和7年(1932)

神戸三宮駅周辺

阪急の三宮駅（現・神戸三宮駅）が開業する前の三宮（当時は三ノ宮）駅周辺の地図である。地図の北東から延びる国道2号は、三宮駅付近まで至っているが、現在それに続く形で延びる兵庫県道21号（多聞通）はまだ開通していない。この当時、阪神本線は元町駅まで延伸しておらず、三宮（現・神戸三宮）駅から滝道（フラワーロード）を南進して、滝道駅が終着駅となっていた。

この滝道駅の南側には、東遊園地（公園）があるが、このときには神戸市役所は置かれていなかった。また、東（海岸）側の生田川の河口付近には、小野浜貨物駅が存在していた。国鉄の三ノ宮駅の北西には、生田神社が鎮座し、この当時は聖瑪利亜女学校が存在していた。

昭和28年(1953)

神戸銀行
日本毛織
三菱銀行
神戸朝日会館

神戸市の北側上空から見た旧居留地界隈。右手のビルは大丸神戸店。左端に写る扇形の建物は神戸朝日会館である。画面奥の海岸部は神戸港で、右手に見える桟橋がメリケン波止場。大丸前を横切る道路上には神戸市電の軌道が続く。

提供:朝日新聞社

もとまち
元町

元町：開業年▶昭和11（1936）年3月18日　　所在地▶神戸市中央区元町2-10-2　　ホーム▶1面2線（地下駅）　　乗降人数▶16,329人　　キロ程▶33.0km（梅田起点）

昭和11年3月、阪神本線の新たな神戸側のターミナル・元町駅が開業
昭和43年4月、神戸高速鉄道の開通で、山陽電鉄と接続、直通運転実施も

　現在の元町には、JR東海道線と阪神本線の元町駅が存在する。駅の開業は国鉄（現・JR）駅の方が早く、明治7（1874）年5月の大阪～神戸間の開業時に「三ノ宮」の名称で駅が置かれ、昭和6（1931）10月の同駅の現在地への移転後は一時、空白時があったが、昭和9年7月に「元町」駅として復活した。高架駅であるJR駅と、地下駅の阪神駅との間は連絡通路で結ばれている。

　阪神本線の元町駅は昭和11年3月、三宮（現・神戸三宮）駅からの延伸により、終着駅として開業した。太平洋戦争中の昭和20年3月から11月にかけては、地下軍需工場に転用するため、駅が休止されていた歴史をもつ。平成7（1995）年1月の阪神・淡路大震災発生時にも2週間、営業を休止していた。

　昭和43（1968）年4月、神戸高速鉄道東西線が開通し、山陽電気鉄道と接続（直通）することとなった。現在の駅の構造は、島式ホーム1面2線を有する地下駅である。なお、神戸市営地下鉄には、元町付近に2つの駅が存在する。東側には海岸線の「旧居留地・大丸前」駅、北西には西神・山手線の「県庁前」駅が置かれている。

　この元町駅の周辺は、三宮と並ぶ神戸を代表する繁華街であり、元町商店街、大丸神戸店、旧居留地、南京町、トアロードなどには多くの人々がやってくる。

昭和27年(1952)　国鉄元町駅　旧神戸証券取引所（米軍接収中）

海側上空から神戸市の元町方向を望む。元町通り1丁目の交差点に建つ大丸百貨店。裏手の空き地は、空襲の傷跡が未だ癒えない様子である。旧国鉄東海道本線は画面の奥を横切り、左手の高架駅が元町だ。阪神の線路は高架下の道路直下を通っている。

提供：朝日新聞社

阪神本線 ▶ 元町

昭和13年(1938)

終点元町に到着した1101形の「特急」から、多くの乗客が降りてきた。半袖や上着を脱いでいる人もいるので暑い日の情景と察せられる。しかし、開襟シャツの襟を上着の外に出し、カンカン帽子を被った、洒落たいで立ちの紳士が目立つ。

昭和29年(1954)

神戸市内で従来からの市街地となっていた元町へ、阪神は地下路線で乗り入れた。旧国鉄の東海道本線と並行する県道の下へ鉄道を通した。自動車の増加による路面軌道の衰退を見越しての英断だった。

昭和7年(1932) 元町駅周辺

　終着駅である神戸駅方面に延びる国鉄東海道本線には、まだ元町駅は存在しておらず、阪神本線の延伸前であり、終着駅の元町駅も開業していない。地図の中央やや北側には、兵庫県庁が置かれており、その南側には「文」の地図記号が示す神戸市立北長狭小学校などがあった場所で、現在は神戸生田中学校の校地となっている。

　国鉄と阪神の元町駅は、この校地の東側に位置する。さらに南東には神戸市電の路線、停留場があり、神戸を代表する繁華街が広がっていた。その中心となるのは大丸神戸店であり、現在は付近に神戸市営地下鉄海岸線の旧居留地・大丸前駅が置かれている。地図の南側は神戸港で、米利堅波止場、中桟橋が見える。

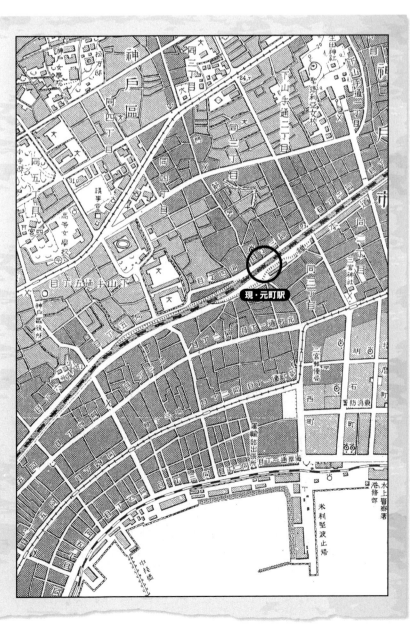

港町神戸は鉄道が集う街

阪神が開業時より目指した終点の神戸は、旧国鉄東海道本線の終点であり、好敵手阪急も乗り入れた。西からは山陽電鉄も路線を延ばし、多彩な鉄道を育んだ街である。また、昭和46年に廃止された神戸市電は、市内を縦横無尽に走る市民の愛すべき足だった。

大丸百貨店が建つ元町通交差点は、神戸市内の中心地。神戸市電では2路線が出会う電車の交差点となっていた。街中には洋風のビルが建ち並び、異国情緒さえも漂う雰囲気。通りを歩く人もお洒落に映る港町の情景が広がる。

三宮駅の周辺には、市内を横断する路線が集まっていた。東海道本線三宮駅の海側にある、大丸前の通りとフラワーロードの交差点で路面軌道も交差した。鉄道駅の向うに六甲の山並みがそびえ、神戸らしい鉄道風景を楽しめる場所だった。

神戸の中心街に建つ旧国鉄東海道線の駅名は、開業時から変わらぬ「三ノ宮」。当地で最も早く開業した鉄道駅であり、誤読を避けるためにあえて名前にノの字を入れたとされる説がある。高架化で現在の元町駅付近から現地に移転した。

阪神神戸高速線

阪神の元町駅と山陽電鉄の西代駅を結ぶ阪神神戸高速線は、神戸高速鉄道が第三種鉄道事業者として線路を保有し、阪神が第二種鉄道事業者として、列車の運行を行っている路線である。神戸高速鉄道では東西線と呼ばれる。開通は昭和43（1968）年4月で、中間駅として西元町、高速神戸、新開地、大開、高速長田の5つの駅が置かれている。なお、新開地駅では、神戸高速鉄道南北線と接続しており、神戸電鉄の列車が発着している。

昭和33年に設立された神戸高速鉄道は昭和43年4月7日に東西線、南北線を開業。高速神戸駅で開通式が執り行われた。テープカットに臨まれるのは高松宮妃殿下。ホーム左手の電車が阪神で、右手は阪急。新路線の開業で阪神、阪急と山陽電鉄の相互乗り入れが実現した。同鉄道には神戸市も出資しており、第三セクター鉄道の一面も持つ。

にしもとまち、こうそくこうべ、しんかいち、だいかい、こうそくながた、にしだい

西元町、高速神戸、新開地、大開、高速長田、西代

西元町：開業年▶昭和43(1968)年4月7日　所在地▶神戸市中央区元町6丁目　ホーム▶2面2線(地下駅)　乗降人数▶4,608人　キロ程▶4.2km(西代起点)
高速神戸：開業年▶昭和43(1968)年4月7日　所在地▶神戸市中央区多聞通4丁目　ホーム▶2面4線(地下駅)　乗降人数▶29,079人　キロ程▶3.5km(西代起点)
新開地：開業年▶昭和43(1968)年4月7日　所在地▶神戸市兵庫区水木通1丁目　ホーム▶2面3線(地下駅)　乗降人数▶29,178人　キロ程▶2.9km(西代起点)
大開：開業年▶昭和43(1968)年4月7日　所在地▶神戸市兵庫区水木通7丁目　ホーム▶2面2線(地下駅)　乗降人数▶5,375人　キロ程▶1.9km(西代起点)
高速長田：開業年▶昭和43(1968)年4月7日　所在地▶神戸市長田区北町2丁目　ホーム▶2面2線(地下駅)　乗降人数▶19,068人　キロ程▶0.9km(西代起点)
西代：開業年▶明治43(1910)年3月15日　所在地▶神戸市長田区御屋敷通2丁目　ホーム▶2面2線(地下駅)　乗降人数▶5,721人　キロ程▶0.0km(西代起点)

阪神神戸高速線に西元町、高速神戸、新開地、大開、高速長田、西代駅 西代駅で山陽電鉄に接続し、新開地駅では阪急・神戸電鉄に接続する

　阪神の元町駅と山陽電鉄の西代駅を結ぶ連絡(接続)線として、昭和43(1968)年4月、地下路線である神戸高速鉄道の東西線が開通した。この路線は現在、阪神の神戸高速線となっている。阪神神戸高速線は、新開地駅において阪急神戸線と接続、高速神戸・新開地間では両線が重複している。

　この阪神神戸高速線には、西元町、高速神戸、新開地、大開、高速長田、西代の6駅が置かれている。このうち、西代駅はもともと山陽電鉄の駅で、明治43(1910)年3月に兵庫電気軌道の駅として開業、当時は地上駅だった。また、新開地駅では神戸電鉄神戸高速線(神戸高速鉄道南北線)と接続している。

　このうち、西元町駅と高速神戸駅は、JR東海道線の終着駅である神戸駅を挟んで東西に存在し、どちらも乗り換えが可能である。新開地駅は現在、神戸電鉄のターミナル駅としての機能を果しているが、神戸高速鉄道の開業前は、新開地駅の北に位置する湊川駅(当時は地上駅)が神戸側のターミナル駅であった。

　次の大開駅は、JR山陽線の兵庫駅の北東に位置し、連絡可能な距離にある。また、高速長田駅のすぐ北側には、神戸市営地下鉄西神、山手線の長田駅が存在する。西代駅の南には、JR山陽線の新長田駅がある。

平成初期 西代駅で異なる会社の「特急」同志がすれ違う。3201形は7801形1次車を冷房化改造した3000系のうちの1形式。同一系車のみでの組成を想定したために、阪神の電車群で初めて「系」の呼称を採用した。

撮影：山本雅生

昭和38年(1963)

阪神神戸高速線▶西元町・高速神戸・新開地・大開・高速長田・西代

昭和43年(1968)

鉄道線区間を行く山陽電鉄200形。昭和11年・13年製で、神戸高速鉄道の開業後も6両が在籍し、昭和44年まで活躍した。

神戸市内の路面区間を走る山陽電鉄3000系。アイボリーと紺色で塗り分けられた車体に行先表示窓のない前面扉を備える原形時代の姿。

撮影：荻原二郎　　　　　　　　　撮影：山本雅生

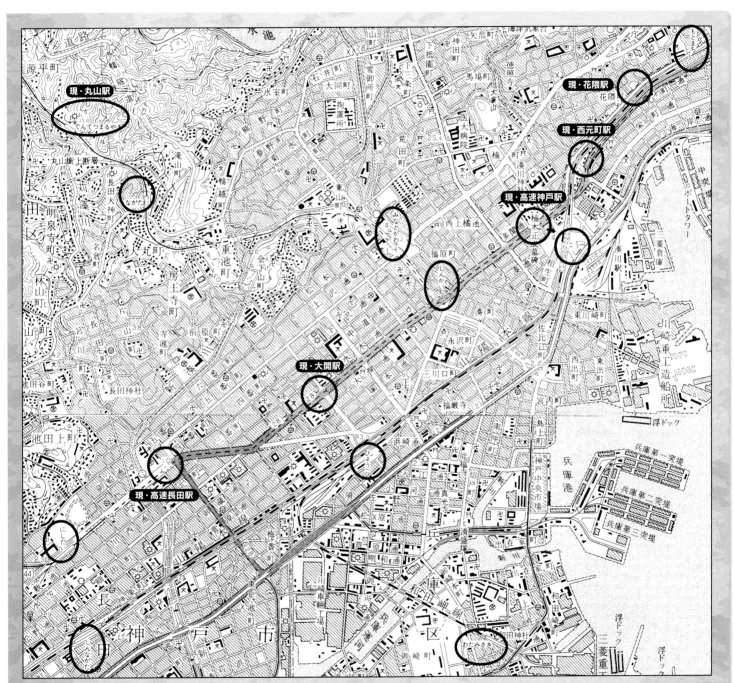

昭和45年(1970) 西元町駅〜西代駅周辺

　地図上には、北東側から国鉄山陽本線が斜めに走り、神戸駅と兵庫駅、新長田駅が見える。その南側、国道2号の上には既に阪神高速3号神戸線が通っている。東側には神戸港、兵庫港があり、南側には兵庫駅から国鉄和田岬線（山陽本線支線）が延びて、兵庫運河を渡った先に和田岬駅が置かれている。この駅の付近には、平清盛ゆかりの和田神社が存在する。

　山陽本線の北側を通る多聞通には昭和43年、神戸高速鉄道東西線が開通した。この線には西元町、高速神戸、新開地、大開、高速長田という5つの中間駅が存在し、西代駅で山陽電鉄と結ばれており神戸電鉄に直通している。新開地駅では神戸高速鉄道南北線と接続している。国鉄神戸駅の北西には、戦前における神戸観光の中心地、湊川神社、楠木正成墓碑がある。

撮影：山本雅生

山陽電鉄須磨浦公園駅で並んだ阪神と阪急の乗り入れ列車。昭和43年に開始された神戸高速鉄道を経由した阪急神戸線の当駅乗り入れは、平成10年2月14日より休止している。

撮影：荻原二郎

神戸高速鉄道東西線の開業で廃止されるまで、神戸市内に設置された山陽電鉄本線の起点だった電鉄兵庫駅。旧国鉄山陽本線の兵庫駅に隣接していた。駅舎や構内は普通の鉄道駅然とした設えだったが、隣の長田駅までは1.6kmの区間に併用軌道が続いていた。昭和43年4月7日、当駅〜西代間の廃止とともに起点駅の役目を終えた。

神戸高速鉄道開業に伴う山陽電鉄の廃止区間、電鉄兵庫駅と西代駅の間にあった長田駅。明治43年に開業してから2回に亘って移設された。末期は島式ホームの延長上に木造駅舎が建つ構内の構造だった。

撮影：荻原二郎

西大阪線
(旧・伝法線、現・阪神なんば線)

現在は阪神なんば線と呼ばれる路線は、もともとは伝法線として開業し、その後は長い間、西大阪線として運行されていた。この西大阪線の時代は、尼崎駅を起点に大物、出来島、福、伝法、千鳥橋という5つの中間駅が存在した。なお、伝法線の開通は大正13(1924)年であり、西九条駅までの延伸は昭和39(1964)年である。その後、平成21(2009)年に西九条〜阪神なんば間が延伸し、阪神なんば線と改称したと同時に近畿日本鉄道に乗り入れ、阪神の車両が奈良県まで進出するようになった。

昭和51年(1976)

撮影：岩堀春夫

西大阪線の終点だった時代の西九条駅に佇む7901形。現在では阪神、近鉄の列車が分刻みで発車して行くホームだが、阪神なんば線が開業するまではJR環状線との乗換駅であるにも関わらず、日中静かな雰囲気に包まれる時間帯もあった。人影もまばらなホームが、さらに広く見える。

できじま、ふく、でんぽう
出来島、福、伝法

出来島：開業年▶昭和5(1930)年12月20日	所在地▶大阪市西淀川区出来島2丁目	ホーム▶2面2線(高架駅)	乗降人数▶9,944人	キロ程▶2.3km(尼崎起点)
福：開業年▶大正13(1924)年1月20日	所在地▶大阪市西淀川区福町3丁目	ホーム▶2面2線(地上駅・上下別駅舎)	乗降人数▶9,105人	キロ程▶3.4km(尼崎起点)
伝法：開業年▶大正13(1924)年1月20日	所在地▶大阪市此花区伝法3丁目	ホーム▶2面2線(地上駅／盛土駅)	乗降人数▶7,447人	キロ程▶4.9km(尼崎起点)

江戸時代に開拓された新田の名称に由来する「出来島」と「福」
「伝法」は伝法線開業時の終着駅。延伸で7ヶ月後には中間駅に

　阪神なんば線では、前身の伝法線・西大阪線時代には、終着駅の西九条駅までの間に4駅の中間駅が置かれていた。そのうち、出来島駅と福駅は大阪市西淀川区内に置かれている。

　大物駅を出て、神崎川下流の2本の流れを越えた場所に位置する出来島駅は昭和5(1930)年12月、伝法〜福間に新設された駅である。「出来島」の地名、駅名の由来は江戸時代の元禄元(1688)年に開発された「出来島新田」に由来し、新田の出来栄えからが名付けられた。現在の出来島駅の構造は、相対式ホーム2面2線を有する高架駅である。

　次の福駅は大正13(1924)年1月、伝法線の開通時に誕生している。この「福」の地名、駅名も、正保元(1644)年に開墾された「福新田」に由来する。駅の構造は相対式ホーム2面2線を有する地上駅で、阪神線の中では唯一、ホーム間を結ぶ通路は存在しない。

　伝法駅は、大正13年1月の伝法線の開業時に終着駅として開業している。その7か月後の8月、千鳥橋駅までの延伸で途中駅と変わった。この駅は新淀川を渡った大阪市此花区内にあり、駅の構造は相対式ホーム2面2線を有する盛土上の地上駅である。

昭和39年(1964)　伝法駅を発車した下り列車はすぐに新淀川を渡る。プレートガターが連続し、個性的な形の架線柱が建つ橋梁は、上流に架かる本線の橋とは異なる長閑な印象。旧型の小型車が似合う佇まいは今日も大きく変わらない。

出来島～大物間では、神崎川と左門殿川を渡る。本線の上流で神崎川から分流した左門殿川は、西大阪線の下流で、再び神崎川と合流して中島川と名前を変える。

千鳥橋駅側より、上り列車内の後方から伝法駅構内を望む。下りホームには列車が停車している。駅の福方は緩い上り勾配で新淀川橋梁へ続く。後方には橋上の架線柱がゲートのように線路を跨いでいる。

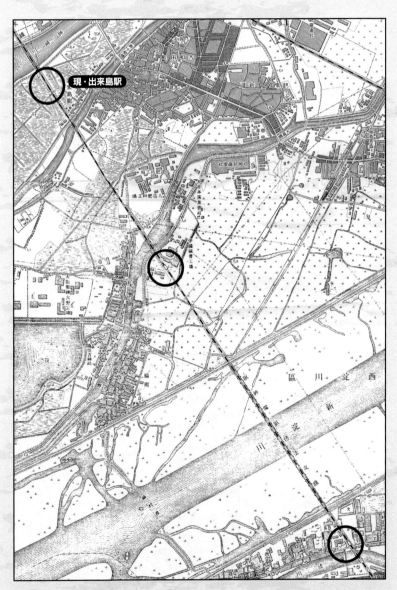

昭和4年（1929） 出来島駅、福駅、伝法駅周辺

　阪神の伝法線（現・阪神なんば線）の出来島駅は、昭和5年の新設駅のため、この地図には掲載されていない。阪神線の南側を走る国道43号もまだ開通していない。付近はまだ開発されておらず、人造肥料工場や大阪製錬大野工場などが存在するばかりである。次の福駅の周辺には、伊藤硫曹工場がある。

　また、南側に見える「文」の地図記号は、明治32年に開校した現・大阪市立福小学校で、当時は福村が造った西成郡福尋常小学校だった。その南側に見える「鳥居」の地図記号は、南東の神社と同じく住吉神社である。地図の南東、新淀川を渡った先、当時の伝法川の畔には伝法駅が存在する。駅の北側には明治6年に開校した伝法小学校がある。

ちどりばし、にしくじょう
千鳥橋、西九条

| 千鳥橋：開業年 ▶ 大正13（1924）年8月1日 | 所在地 ▶ 大阪市此花区四貫島1丁目 | ホーム ▶ 2面2線（高架駅） | 乗降人数 ▶ 7,835人 | キロ程 ▶ 5.5km（尼崎起点） |
| 西九条：開業年 ▶ 明治31（1898）年10月1日 | 所在地 ▶ 大阪市此花区西九条3-15 | ホーム ▶ 2面2線（高架駅） | 乗降人数 ▶ 29,079人 | キロ程 ▶ 6.3km（尼崎起点） |

大正13年8月に開業した千鳥橋駅。昭和39年5月、西九条駅まで延伸「西九条」で大阪環状線と連絡。阪神なんば線は平成21年3月延伸開業

　阪神の伝法線は大正13（1924）年8月、この千鳥橋駅まで延伸した。昭和39（1964）年5月、西九条駅へ延伸し、西大阪線に改称（現在は、阪神なんば線）するまで終着駅であった。現在の駅の構造は、相対式ホーム2面2線を有する高架駅である。駅の南西、梅香交差点付近には此花区役所があって最寄り駅となっている。

　次の西九条駅は、JR大阪環状線との連絡駅である。JR西九条駅は明治31（1898）年10月、西成鉄道の駅として開業。明治39年12月に西成鉄道が国有化されて、国鉄（現・JR）西成（現・大阪環状・桜島）線の駅となった。この駅から弁天町駅方面に向かう大阪環状線が開通したのは、昭和36年4月で、桜島方面に向かう桜島線との分岐点となった。

　阪神の西九条駅の開業は、昭和39年5月であり、開業以来、相対式ホーム2面2線を有する高架駅である。平成21（2009）年3月、大阪難波駅まで延伸し、終着駅から中間駅に変わった。この駅は当初から、九条駅方面への延伸を考えて、大阪環状線を超える高さに線路、ホームが建設されてきた。ホームは大阪環状線のホームを跨ぐ形で存在し、当初の西口とともに、東口にも駅舎が設けられている。

昭和39年（1964）
提供：阪神電気鉄道
千鳥橋～西九条間の延伸開業を前に、新線開業を知らせる装飾が施された西九条駅。同年には大阪環状線が全線複線化で環状運転を開始し、大阪の鉄道地図が変わった。

昭和52年（1977）
国鉄大阪環状線の西九条駅ホームから西大阪線を望む。駅へ入る列車は2両編成。西九条駅は現在もJR、阪神路線の乗り換え駅だ。大阪市西部の住宅街である此花区の家並を跨ぐように高架橋が架かっていた。
撮影：岩堀春夫

西大阪線▼千鳥橋・西九条

昭和30年代

千鳥橋駅に停車中の701形は千鳥橋～尼崎間の行先表示板を掲げる。大正時代に製造された291形を鋼体化改造した車両で、改造当初は901形と呼ばれていた。昭和36年まで阪神に在籍。難波延長線第1期工事として千鳥橋～西九条間の建設工事が着工されたのは、小型車の撤退と前後する昭和35年だった。

西大阪線は本線とは別に新淀川を渡って大阪と尼崎を結ぶもう一つの阪神線。JR大阪環状線とも連絡して、主要駅の風格があった。過去には西九条～元町間に「西大阪線特急」も運行されていた。

昭和51年(1976)

撮影：岩堀春夫

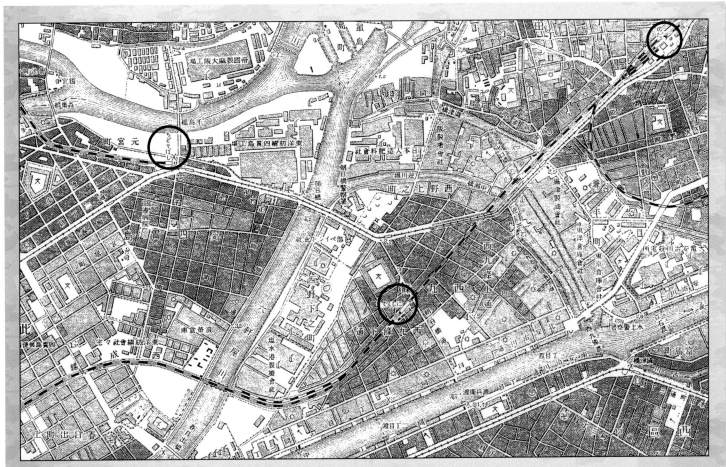

昭和4年(1929)　千鳥橋駅、西九条駅周辺

この当時(昭和4年)、阪神の伝法線の終着駅は千鳥橋駅で、西九条駅まで延伸するのは、東京オリンピックが開かれる昭和39年である。一方、国鉄の西九条駅は西成線の駅であり、西の桜島駅方向へのみ延びていた。大坂環状線の弁天町駅方面への延伸は昭和36年である。千鳥橋駅と西九条駅との間には、六軒屋川が流れ、大阪市電が走る朝日橋が架かっている。橋の西側にはこの当時、朝日橋警察署があり、その南側には阿部ペイント会社、塩水港製糖会社などが見える。

西成線の南側には春日出橋が架かり、その西側で六軒屋川が安治川と合流していた。千鳥橋駅の北側には、駅名の由来となった正蓮寺川に架かる千鳥橋があったが、その後、川は埋め立てられて、橋は姿を消している。

昭和31年(1956)

伝法線の終点だった時代の千鳥橋駅界隈。駅前の道は現在、ユニバーサルスタジオジャパンがある桜島へと続く北港通。写真が撮影された当時は道路上に大阪市電が健在だった。

千鳥橋駅

提供：朝日新聞社

西大阪線 ▼ 千鳥橋

昭和31年(1956)

大阪市電

国鉄西九条駅

提供:朝日新聞社

旧国鉄西成線時代の西九条駅。昭和36年4月25日、境川信号場〜当駅間の新路線が開業して大阪環状線となった。当駅〜桜島間は桜島線と改称。画面後方で西成線を跨ぐ軌道は旧大阪市電西野田桜島線だ。国鉄駅の近くに阪神の西九条駅が開業したのは、伝法線千鳥橋駅から延長された路線が西大阪線として開業した昭和39年5月21日だった。

武庫川線

阪神の武庫川線は、阪神本線の武庫川駅から分かれて武庫川団地前駅へ向かう、わずか1.7kmの短い支線である。開業は太平洋戦争下の昭和18(1943)年11月。中間駅は、東鳴尾、洲先の2駅である。なお、開業時の終着駅は洲先駅で、武庫川団地前駅までの延伸は昭和59(1984)年4月である。また、かつては武庫川〜武庫大橋間の路線が存在、国道線と接続していた。

武庫川駅の武庫川線ホームを、武庫川の堤防道路付近から望む。ホームに停車する電車は両運転台仕様の3301形で、線路を跨ぐ本線上を行くのは普通列車の5201形だ。両車とも昭和30年代に登場した高性能電車の先駆けである。松の木を前面にあしらった絵柄は涼しげに映るが、駅の周辺には大学や医療機関、住宅が密集して人通りも多い。

ひがしなるお、すざき
東鳴尾、洲先

東鳴尾：**開業年**▶昭和18（1943）年11月21日　**所在地**▶兵庫県西宮市東鳴尾町1丁目　**ホーム**▶1面2線（地上駅）　**乗降人数**▶1,956人　**キロ程**▶0.7km（武庫川起点）
洲先：**開業年**▶昭和18（1943）年11月21日　**所在地**▶兵庫県西宮市東鳴尾2丁目　**ホーム**▶1面1線（地上駅）　**乗降人数**▶1,830人　**キロ程**▶1.1km（武庫川起点）

武庫川線は昭和18年3月の開業、「東鳴尾」と「洲先」の2駅設置
開業当初の終着駅だった「洲先」。場所は現在の「武庫川団地前」に

　阪神本線の武庫川駅から、武庫川の西岸に沿って南下する武庫川線最初の駅は、東鳴尾駅である。この駅は、武庫川線の開通時の昭和18（1943）年11月に開業した。太平洋戦争後の昭和21年1月から昭和23年10月まで、営業を休止していた歴史をもつ。平成7（1995）年1月の阪神・淡路大震災発生時にも一時、武庫川線が不通となり、この駅も営業を休止していた。

　東鳴尾駅の構造は島式ホーム1面2線の地上駅で、構内踏切でホーム間を連絡している。現在は無人駅となっている。戦後は一時、単式ホーム1面1線の形の時代もあった。

　次の洲先駅は、昭和18年11月の開業時は、武庫川線の終着駅であった。このときは、現在地より0.6キロ南側の現・武庫川団地前駅の場所にあり、川西航空機の工場に隣接する形で置かれていた。昭和21年1月に旅客営業を休止し、昭和23年に現在地に移転し、営業を再開した。そのため、東鳴尾駅との距離はわずか0.4キロとなっている。昭和59年4月、武庫川団地前駅まで延伸し、途中駅となった。

　駅の構造は単式ホーム1面1線をもつ地上駅で、無人駅となっている。この駅も平成7年1月の阪神・淡路大震災時には一時、営業を休止していた。

昭和41年（1966） 昭和59年に武庫川団地前駅までの区間が延伸開業するまで、洲先は武庫川駅から東鳴尾駅を挟んだ武庫川線の終点だった。昭和30年代まで写真の881形等、小型車が単行で運転されていた。

撮影：太田裕三

武庫川線 ▶ 東鳴尾、洲先

昭和48年(1973)

阪神高速3号神戸線、国道43号を潜り、単行電車が終点武庫川駅に向かって来る。両運転台車の3301形は、武庫川線の列車が2連化されるまで活躍。その後、福井県の京福電気鉄道に譲渡された。

撮影：岩堀春夫

昭和49年(1974)

東鳴尾駅の駅名票。小振りながらも毛筆調で堂々と書かれた字が好ましい雰囲気を醸し出している。写真が撮影された当時は隣の洲先駅が終点で、当駅とは僅か400mしか離れていない。

撮影：岩堀春夫

昭和49年(1974)

草生した単線の線路。若干傾いて立っているように見える架線柱がのんびりとした閑散路線の佇まいを見せる武庫川線の沿線。左手に続く堤防道路の下には武庫川が流れる。現在、昼間の運転間隔は20分。

撮影：岩堀春夫

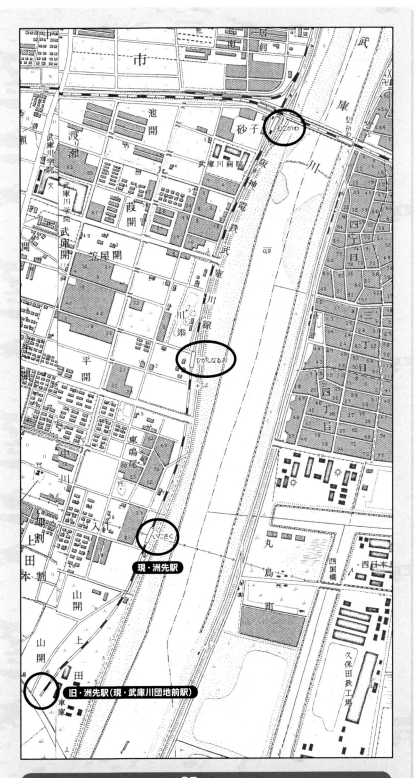

昭和27年(1952)
東鳴尾駅、洲先駅、武庫川団地前周辺

　武庫川の西岸にある武庫川線の駅から、阪神武庫川線が南に延びて、東鳴尾駅と洲先駅が置かれている。この時代の終着駅である洲先駅の南側にも線路は延びているが、ここは戦前の洲先駅があった場所で、昭和59年に武庫川団地前駅という形で再び駅ができることになる。戦後の地図ではあるが、武庫川の西岸には宅地に交じって農地も点在し、開発の途上だった。武庫川駅の南には武庫川病院、南東には武庫川学院が存在している。現在、東鳴尾駅の南側で武庫川に架かる南武橋は、まだ架橋されていない。南武橋は兵庫県道341号(甲子園尼崎線)が通る橋である。

むこがわだんちまえ
武庫川団地前

武庫川団地前：開業年▶昭和59(1984)年4月3日　所在地▶兵庫県西宮市上田東町4丁目　ホーム▶2面2線（実質は1面1線）（地上駅）　乗降人数▶8,033人　キロ程▶1.7km（武庫川起点）

武庫川、鳴尾川の間にあるUR都市機構の最寄り駅「武庫川団地前」
昭和59年4月の開業だが、移転する前の「洲先」駅が存在していた

次の武庫川団地駅は、武庫川線の終着駅であり、駅名が示すようにUR都市機構武庫川団地の最寄り駅となっている。この団地の存在に合わせて、駅の周辺には、高須西小学校、鳴尾南中学校、西宮南高校などの学校が多く、通勤・通学客も多く利用する。

この武庫川団地前駅の開業は、武庫川線の延伸時の昭和59(1984)年4月であるが、それ以前には、昭和18年11月に開業した洲先駅が存在し、旧ホーム跡が長い間残されていた。阪神などでは武庫川団地中央部への延伸、乗り入れの計画もあったが、現在地に落ち着いた形である。駅の構造は、相対式2面2線の地上駅であるが、西側のホームは使用されておらず、片面1面1線が使われている無人駅である。

駅の南西には、鳴尾浜臨海公園が広がり、兵庫県立総合体育館、阪神鳴尾浜球場が存在する。この阪神鳴尾浜球場は、プロ野球・阪神タイガースの二軍の本拠地・練習場として有名で、「タイガース・デン」とも呼ばれる。

撮影：岩堀春夫
昭和59年に武庫川河口近くに広がる住宅街の中に武庫川線を延伸し、新設された武庫川団地前駅。優等列車用の7901形等が1.7kmの区間を往復する。

開業式典の準備で、関係者が構内をあわただしく動く武庫川団地前駅。「祝開業」のヘッドマークを書かれた試運転列車が停まり、向かい側のホームには学生のブラスバンド隊が控える。

提供：阪神電気鉄道

北大阪線、国道線
甲子園線、尼崎海岸線

この阪神には、北大阪線、国道線、甲子園線、尼崎海岸線という廃止された路線が存在した。いずれも地元の人々の足として活躍してきた鉄道（電車）だが、軌道線（路面電車、専用線も含む）であり、道路事情の悪化などで廃止されている。北大阪線は野田〜天神橋筋六丁目間、国道線は野田〜東神戸間、甲子園線は上甲子園〜中津浜間、尼崎海岸線は出屋敷〜東浜間を結んでいた。

阪神軌道線用車両の一大基地だった浜田車庫から出区してきた201形。当区には長編成の電車も収容できそうな車庫、検修庫が4棟あり、併用軌道線専用の車両基地でありながら、軌道線の廃止時まで一般的な電車区然とした風格ある雰囲気を保っていた。隣には大規模なバスの車庫が併設されていた。

きたおおさかせん
北大阪線

北大阪線は「野田」と「天神橋筋六丁目」を結ぶ、阪神の軌道線(路面電車)
「中津」では阪急宝塚本線、神戸本線の中津駅と連絡。昭和50年5月に廃止された

　阪神の北大阪線は、阪神本線の野田駅(停留場)から、新京阪線(当初、現・阪急千里線)の天神橋筋六丁目(天六)駅(停留場)の約4.3キロを結んでいた、阪神の軌道線(路面電車)である。大正3(1914)年に全線が開通し、昭和50(1975)年5月の廃止まで、約60年間にわたり、新淀川の南岸地域(大阪市北部)の足となっていた。ほとんどの区間が併用軌道で、一部は専用軌道であった。

　この路線は梅田(大阪駅)を経由せずに現在のJR大阪環状線の外側を回る形で、環状線に準じる存在だった。起終点のほか、中津駅(停留場)で阪急宝塚・神戸線に接続し、昭和24年までは北野駅(停留場)で、阪急北野線と連絡していた。中間の駅(停留場)は、海老江、上海老江、西大淀、大淀、東大淀、中津、北野、南浜、本庄中通である。

　この北大阪線は、阪神の国道線、甲子園線とともに尼崎市内にある浜田車庫を利用していた。しかし、国道線の廃止により、浜田車庫が使用できなくなるため、バス路線に変わった。この浜田車庫は、後に阪神タイガースの二軍が使用する阪神浜田球場となっていた。

昭和49年(1974) 中津停留場付近で新淀川を渡る。北大阪線の橋梁は、京都線、神戸線、宝塚線の3路線が並ぶ阪急と国道176号線に挟まれていた。軌道線とは言え、複線用上部トラス構造の堂々たる構えだ。

撮影：岩堀春夫

昭和48年(1973)

繁華街の中にあった天神橋筋六丁目停留場には、阪神電車の大きな広告板が建っていた。北大阪線は野田で本線に連絡していたが神戸、須磨等、軌道線から乗り換えを必要とする目的地も看板に名を連ねていた。

軌道路線のターミナル、野田駅を発車した北大阪線の電車。車両は古風ないで立ちの31形だが後ろに続く本線の壁や架線柱は鉄筋コンクリート製となり、昭和40年代後半に差し掛かった時代の様子と察せられる。

撮影:岩堀春夫

昭和48年(1973)

北大阪線

昭和48年(1973)

北大阪線の終点は天神橋筋六丁目。「てんろく」の愛称で大阪人に親しまれ、電車の行先表示板にも「天六」と書かれている。運転席側の扉から乗客が降り、低いホームに面した反対側の扉から人が乗り込んでいる。

撮影:岩堀春夫

撮影:岩堀春夫

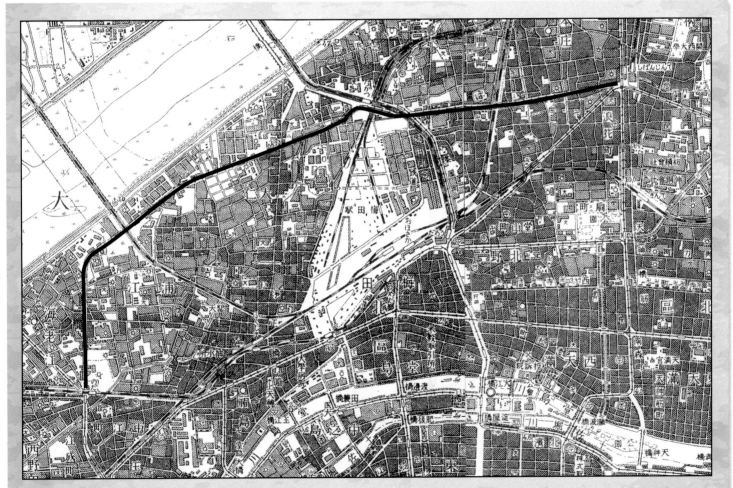

昭和4年(1929) 北大阪線周辺

　地図の左側に見える阪神本線の野田駅から北に真っすぐ延び、大川(新淀川)の手前で進路を右に取り、阪急の中津駅を経由して新京阪(現・阪急千里線)の天神橋駅(現・天神橋筋六丁目駅)に至る軌道路線が阪神の北大阪線である。この新淀川左岸一帯は、大阪市電の路線網の空白地帯であり、北大阪線が地元住民の足となっていた。

　天神橋駅は大正14年に開業した新京阪のターミナル駅であり、地上駅だった新京阪駅の駅前には、大阪市電の路線が集まっていた。この駅の北東には、関西大学のキャンパスが見える。少し離れた南側には、国鉄城東線(現・大阪環状線)の天満駅がある。

こくどうせん
国道線

「野田」と「東神戸」を結ぶ全長26.0キロの軌道線・阪神の国道線
昭和２年７月、阪神国道電軌により開業。昭和50年５月に国道から姿を消した

　阪神の国道線は、阪神本線とともに阪神が大阪市内北部から兵庫県神戸市にかけて張り巡らせていた軌道線（路面電車）のうち、最長の路線である。大阪の野田駅（停留場）と東神戸駅（停留場）の間26.0キロを結び、廃止前には49の停留場が置かれていた。途中、上甲子園駅（停車場）では、中津浜駅（停車場）に至る同じ軌道線の甲子園線と接続していた。

　国道線は大正末期の阪神国道（国道２号）の建設に伴い、昭和２（1927）年７月に阪神の子会社である、阪神国道電軌により敷設された。翌年には阪神が吸収合併し、阪神の国道線となった。し
かし、戦後は国道上の自動車通行量の増加で速度の低下、乗降客の減少が進み、昭和44年12月、まず西灘～東神戸間が廃止。昭和49年３月には上甲子園～西灘間が廃止され、昭和50年５月に甲子園線とともに全線が廃止された。

　この国道線は、西灘駅（停留場）で阪神本線と接続していたほか、北今津駅（停留場）付近で、阪急の今津線と交差し、同線の阪神国道駅と連絡していた。また、北を走る国鉄（現・JR）東海道線、南を走る阪神本線とは各所の途中駅で連絡が可能だった。

野田駅の直下にあった国道線のりば。ホームは電車の床面まで高さが取られ、電車が乗降時にステップを出す必要はなかった。向かい側の島式ホームは、途中駅のような電停仕様になっている。

撮影：岩堀春夫

国道線

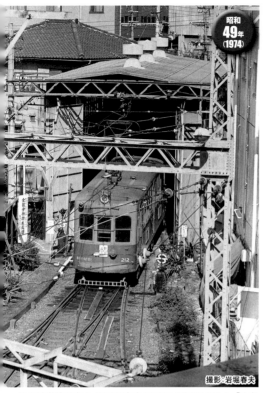

昭和49年(1974)

併用軌道線の中心、野田の車庫から201が出区してきた。「金魚鉢」71形の流れを汲む戦中派の電車だ。行先表示板は国道線から甲子園線が分岐する上甲子園までの区間列車用を掲げている。
撮影:岩堀春夫

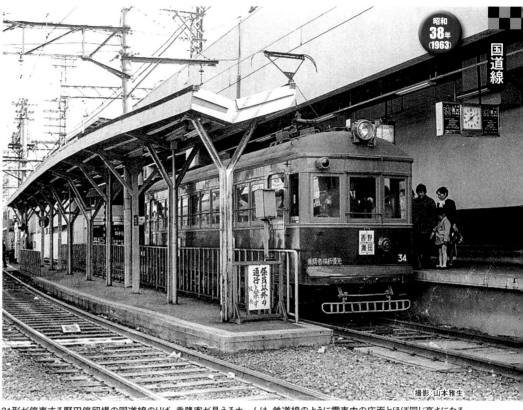

昭和38年(1963)

31形が停車する野田停留場の国道線のりば。乗降客が見えるホームは、鉄道線のように電車内の床面とほぼ同じ高さになる嵩高の仕様だった。手前にある電停風のホームと比べると、高さの違いが良く分かる。
撮影:山本雅生

昭和48年(1973)

本線の野田駅が高架化されたのは昭和36年。その北側に併用軌道線の停留場があった。国道線と北大阪線の起点で、路面電車が頻繁に発着していた。上屋のあるホームには、北大阪線の電車が停車中。
撮影:岩堀春夫

西宮駅前にほど近い西宮札場筋停留場付近を行く31形。昭和4年から5年にかけて20両が製造された。北大阪線と国道線を中心に運用され、阪神併用軌道線の全廃時まで14両が活躍した。

阪急今津線の阪神国道駅と交差する地点の光景。阪神国道線の停留場名は北今津であった。現在国道線・甲子園線のルートは、ほぼ阪神バスが引き継いでいる。

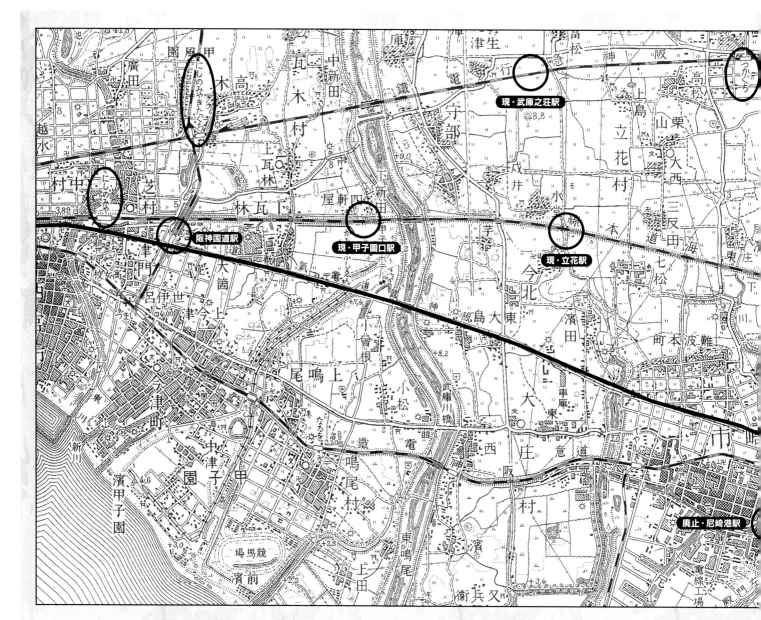

昭和4年（1929） 国道線周辺

阪神間の東部、現在の尼崎・西宮市内を走る各鉄道・軌道線が確認できる地図であり、緩やかなカーブを繰り返しながら進む阪神本線に対して、北側の阪急神戸線、国鉄（現・JR）の東海道本線、そして阪神国道線が直線で走っていたことがわかる。それ

昭和48年(1973)

上甲子園停留場に到着した甲子園線の電車から乗客が降りてきた。交通量の多い道路上で、電車の扉は並行するもう1本の軌道側を開き、利用客の安全を確保している。但し、道路上にホーム等は設けられていない。

撮影：岩堀春夫

昭和48年(1973)

国道線

尼崎市大島3丁目にあった国道線東大島停留所付近。尼崎駅方へ延びる国道2号線が急坂になっている様子を窺える。電車に乗り込もうとする人が道路まではみ出し、並走する自動車は途切れることなく列をなしている。

撮影：岩堀春夫

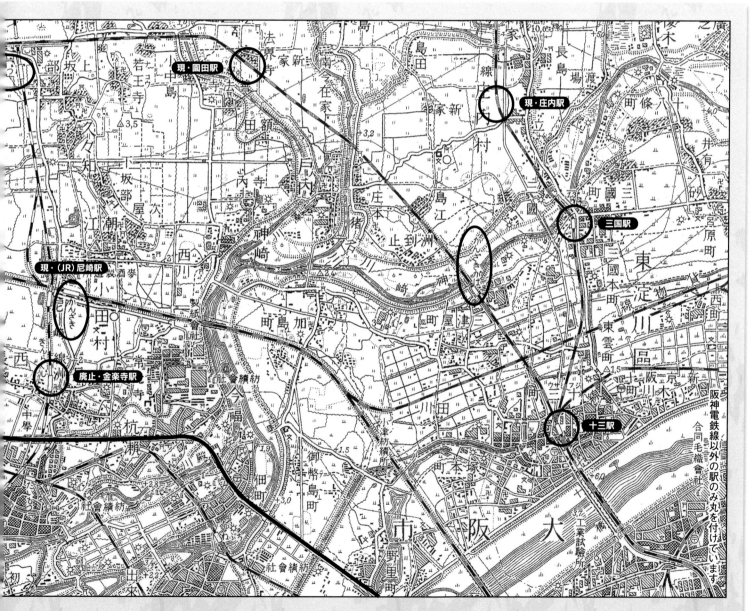

それの線で、連絡可能な駅はそれほど多くなく、阪神本線の大物、尼崎駅で阪神国道線の停留場と連絡できたほか、西宮市内中心部で、阪神本線、阪神国道線、国鉄線の駅、停留場が連絡できたくらいだった。一方、各線の主要駅を結ぶ縦の連絡線として、阪急の今津線、阪神の甲子園線が存在していた。この甲子園線では、阪神国道線の上甲子園停留場と阪神本線の甲子園駅が結ばれていた。

街路樹が沿線を彩る西宮市内の国道2号を進む31形。昭和10年に40番台車を忌み番として改番したが、40号車だけは新製時の番号で活躍した。オート三輪が盛んに使われていた時代の街景色だ。

国道線甲南学園前停留場〜田中停留場間を行く西灘行きの区間列車。左手にある杜は山王神社で田中交差点の東側に建つ。春祭りでは勇壮なだんじりが登場し、秋の例祭には湯立て神事が厳かに執り行われる。

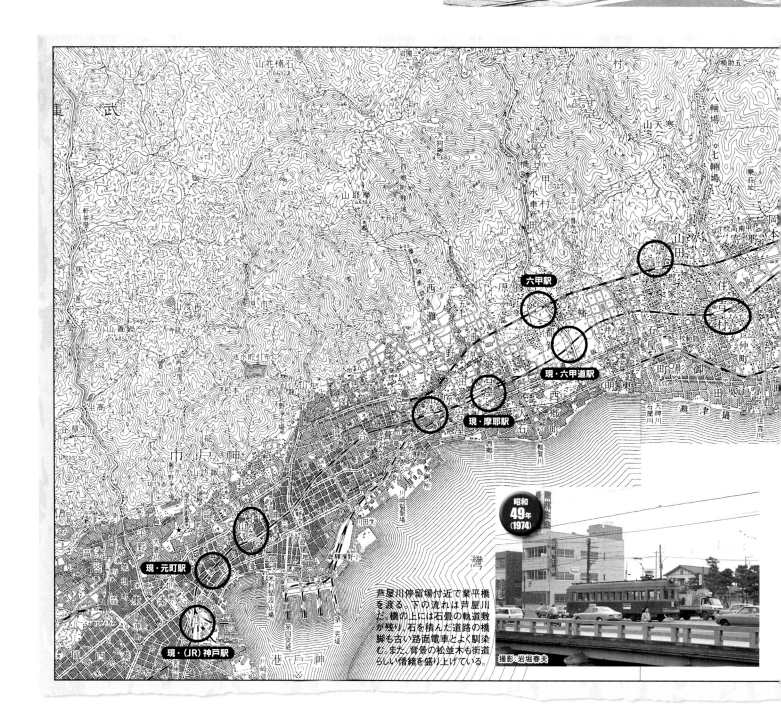

芦屋川停留場付近で業平橋を渡る。下の流れは芦屋川だ。橋の上には石畳の軌道敷が残り、石を積んだ道路の橋脚も古い路面電車とよく馴染む。また、背景の松並木も街道らしい情緒を盛り上げている。

国道線

撮影：岩堀春夫

撮影：高橋 弘

国道線の終点、東神戸停留場は昭和2年に神戸東口で開業。昭和30年代に入り自動車が台頭する中、昭和45年の大阪万国博覧会開催で予想される道路の混雑緩和を目的に、当場～西灘停留場間が昭和44年に廃止された。

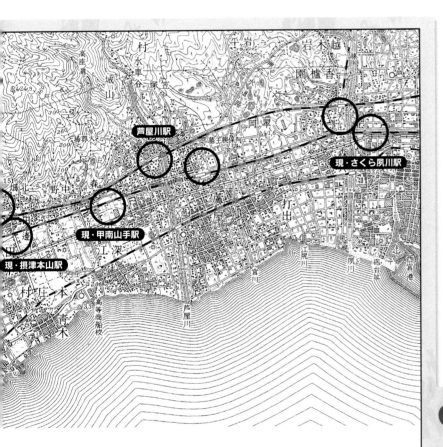

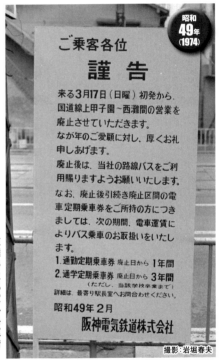

昭和49年2月。国道線上甲子園～西灘間の廃止を知らせる告知板が沿線に立てられた。廃止後も使用期間を残す定期券利用者に対しては、期限付きで路線バスに電車の運賃で乗車できる措置が取られた。

撮影：岩堀春夫

西灘駅付近で本線を潜ると、国道2号線上に西灘停留場がある。折しも当所止まりの区間列車が到着し、後ろの西灘駅に本線の電車が滑り込もうとしている。停留場手前には上下線の分岐がある。

昭和4年（1929）

国道線周辺

この地図の西宮・芦屋・住吉から三宮・元町にかけてでは、阪急神戸線、国鉄東海道線、阪神本線が複雑にカーブしながら並行して進んでゆく様子がわかる。一方、最も新しく開通した阪神の国道線はほぼ真っすぐ東西に走っている。このうち、国鉄は神戸駅、阪神は（神戸）三宮・滝道駅まで延びているのに対し、阪急は上筒井駅、国道線は西灘停留場（駅）が当時は西端の駅となっていた。南北を結ぶ線のひとつである現在の阪神・武庫川線はまだ開通していない。

この当時、国鉄線には芦屋、住吉、灘、三宮、神戸駅しか存在せず、昭和9年に六甲道、元町駅、昭和10年に摂津本山駅が開業した。また、その後の新設駅としては、平成時代に入り、さくら夙川、甲南山手、摩耶駅が誕生している。

甲子園線

こうしえんせん

阪神本線の甲子園駅から南北に延びる甲子園線は3.8キロの軌道線 「上甲子園」で阪神の国道線と連絡。地域住民の足も、昭和50年に廃止

　阪神本線の甲子園駅から南北に延びて、上甲子園〜中津浜間の3.8キロを結んでいたのが阪神の軌道線（路面電車）、甲子園線である。歴史的には、国道線よりも早く大正15（1926）年7月に南側の甲子園〜浜甲子園間が開業。続いて、昭和3（1928）年6月に北側の上甲子園〜甲子園間が開業、このときに国道線と結ばれた。海岸近くの南側の延伸部分である浜甲子園〜中津浜間の開通は、昭和5年7月で、この区間は太平洋戦争末期の昭和20年1月に休止、戦後も再開されることはなかった。

　この路線はほとんどが「甲子園」と呼ばれた地区を走っており、停留場にも「甲子園」を冠した場所が多数あり、多くの地域住民が利用していた。また、甲子園球場とともに各地から多くの集客があった、阪神パーク、甲子園競輪場の前にも停留場が設置されていた。しかし、昭和50（1975）年5月、地域住民の間では存続の声があったものの、国道線ともに廃止されている。これは、国道線の廃止で、尼崎市内にある浜田車庫が使用できなくなることも理由のひとつとなった。

阪神パーク内を一周するモノレール。阪神パークは平成15年に閉園し、跡地には「ららぽーと甲子園」が翌年開業した。

昭和49年当時、甲子園線の終点は浜甲子園停留場だった。路面電車用としては、大きめのホームが設置されている。車止めの先は舗装され、昭和20年に営業を休止した区間は見る影もない。

甲子園停留場は甲子園線の途中にありながら、本線甲子園駅の直下にあり、乗降客の多い路線内の拠点だった。甲子園球場、阪神パークへの足として、本線からの乗り換え客が利用した。

今日5月5日は端午の節句。近くで催し物でもあるのだろうか。上甲子園停留場に元気一杯な子どもたちが次々と電車から飛び降りてきた。道路に立つ2人の社員が歩道へ誘導している。

甲子園線

甲子園球場の前で利用客を降ろした201形。扉を閉じ、ステップが畳まれようとしている。電車の隣に停車している自動車はタクシー。普通乗用車ながら車幅は安全帯の外側一杯のように見える。

甲子園駅付近を構内の北側から望む。駅ホームの後ろに甲子園球場の大屋根と照明施設が見える。駅から球場出入口までの距離は約200m。野球の開催時にはホームまで大歓声が届く。

甲子園線の甲子園停留場。嵩高なホームは一般的な鉄道駅の面持ち。標準軌で敷かれた軌道下の道床にはバラストが敷き詰められて、大型の電車がやって来ても不思議ではない光景だ。

甲子園九番町停留場は、甲子園町内を通る県道上にあった。電車の停車位置付近に安全地帯が設けられているが、白線の内側が道路の半分ほどを占有する。電車に人が集まると自動車が通る余地はなかったようだ。

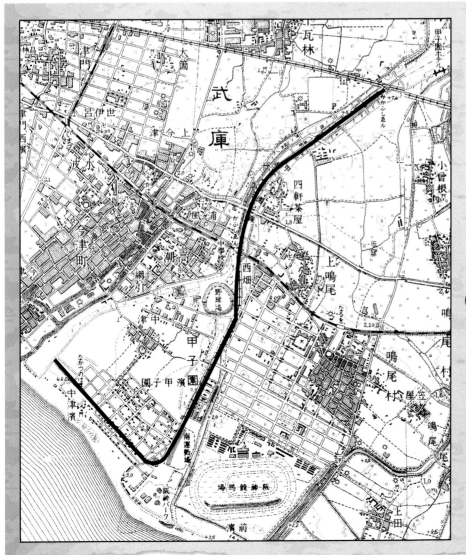

昭和7年（1932）
甲子園線周辺

　阪神の軌道線である甲子園線は、阪神国道線の上甲子園停留場から、阪神本線の甲子園駅（停留場）を通り、中津浜停留場までを結んでいた。浜甲子園停留場から中津浜停留場までは専用軌道であり、地図の南西にある中津浜停留場から、少し先まで線路は延びている。
　戦後は南側の終着駅となる浜甲子園停留場の付近には、この頃、阪神（鳴尾）競馬場、阪神パーク、甲子園南運動場があった。この甲子園線が走っていた県道340号（浜甲子園甲子園口停車場線）は、武庫川の支流である枝川が流れていた跡地であり、「甲子園筋」と呼ばれるとともに、地元では「電車道」の名でも親しまれてきた。

<small>あまがさきかいがんせん</small>

尼崎海岸線

尼崎海岸線は昭和4年4月に開業。昭和37年12月に廃止となった「出屋敷」と「東浜」を結ぶ、わずか1.7キロの路線。工場従業員を輸送

　この尼崎海岸線は、昭和時代に阪神工業地帯の尼崎地区においての工場従業員の足となっていた路線である。阪神本線の出屋敷駅から、東浜駅までのわずか1.7キロ。途中駅も高洲駅だけであった。昭和4（1929）年4月に開業し、昭和26年7月に高洲〜東浜間が休止（昭和35年に正式廃止）、昭和37年12月に出屋敷〜高洲間が廃止された。一時は、「海岸線」や「東浜線」とも呼ばれていた。

　この路線は当初、「今津出屋敷線」として計画されたもので、高洲・東浜駅から西進し、中津浜・浜甲子園方面に延伸する予定であった。当初から単線で、将来は複線化する予定で軌道敷も確保されていたが、太平洋戦争などの影響で実現せず、この線も早々と廃止になった。跡地は道路、公園などに変わり、バス路線が鉄道に変わって、工場従業員などの足となっている。

晩年は電車の行先表示板に記された通り、出屋敷〜高洲間の僅か1区間を結んでいた尼崎海岸線。沿線は国道43号線の先で工場に囲まれていたが、そんな殺風景な眺めの中にも人の暮らしがあった。

尼崎海岸線の分岐駅出屋敷に入線する71形。写真が撮影された昭和34年には末端部の高洲駅〜東浜駅間が長らく営業を休止しており、一駅間を結ぶ盲腸線となっていた。昭和37年の全線廃止まで軌道用電車が活躍した。

工場の塀に沿って緩やかな曲線を描く線路上を行く併用軌道用の71形。曲線内側のレールに沿って脱線防止ガードが敷設されている。軌道線用の車体は、標準軌の幅と大差ないように見える。

昭和26年に海岸線の終点だった東浜駅が休止して以来、分岐駅出屋敷から一つ目の高洲駅が、路線の廃止まで終点となった。蓬川と尼崎市河口部の工場街に囲まれたホーム1面1線の棒線駅だった。

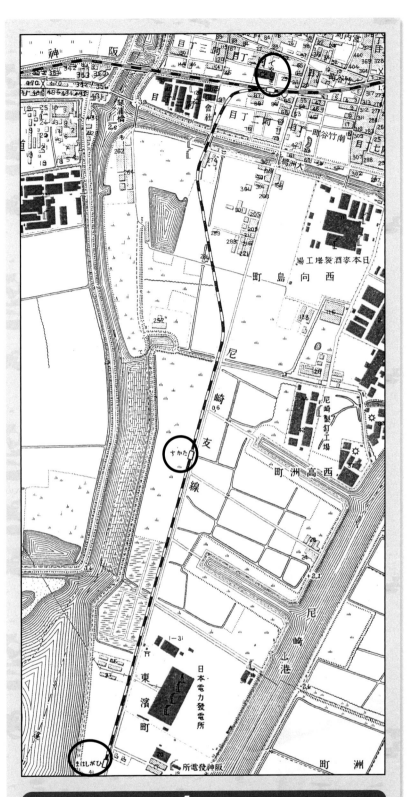

昭和4年（1929）

尼崎海岸線周辺

　阪神本線の出屋敷駅から南に延びる、尼崎海岸線沿線の地図である。出屋敷駅の付近には、いくつかの工場の地図記号が見え、西側には蓬川に琴浦橋が架けられている。出屋敷駅を出た尼崎海岸線は、すぐに南下し、田園地帯の中を走ってゆく。途中駅は「高洲」で、その東側の西高洲町には、尼崎製釘工場が存在している。

　また、終着駅の東浜駅がある東浜町には、日本電力尼崎発電所、阪神発電所がある。この路線は、もともとは「今津出屋敷線」として計画されたもので、全線が専用軌道で建設され、甲子園線や武庫川線と連絡する計画もあった。結局これらと結ばれる路線は開通することはなく、この尼崎海岸線も昭和37年に廃止された。

生田 誠（いくた まこと）

昭和32年、京都市東山区生まれ。京都市立堀川高等学校卒業。
東京大学文学部美術史学専修課程修了。産経新聞大阪本社・東京本社文化部記者などを経て、現在は地域史・絵葉書研究家。絵葉書を中心とした収集・研究を行い、集英社、学研パブリッシング、河出書房新社、彩流社、アルファベータブックス等から著書多数。

牧野 和人（まきの かずと）

昭和37年、三重県生まれ。写真家。京都工芸繊維大学卒。幼少期より鉄道の撮影に親しむ。平成13年より生業として写真撮影、執筆業に取り組み、撮影会講師等を務める。企業広告、カレンダー、時刻表、旅行誌、趣味誌等に作品を多数発表。月刊「鉄道ファン」誌では、鉄道写真の可能性を追求した「鉄道美」を連載する。臨場感溢れる絵づくりをもっとうに四季の移ろいを求めて全国各地へ出向いている。

【写真提供】
阪神電気鉄道株式会社
J.WALLY HIGGINS、岩堀春夫、太田裕二、荻原二郎、亀井一男、園田正雄、高田隆雄、高橋弘、中西進一郎、野口昭雄、安田就視、山本雅生
尼崎市立地域研究史料館、西宮市情報公開課、朝日新聞社

梅田〜福島間の地下入口付近。平成4年。
撮影：岩堀春夫

阪神電気鉄道
本線、西大阪線、武庫川線、北大阪線、国道線、甲子園線、尼崎海岸線
1950〜1990年代の記録

発行日……………… 2016年12月5日　第1刷　　※定価はカバーに表示してあります。

著者……………… 生田 誠・牧野 和人
発行者…………… 茂山和也
発行所…………… 株式会社アルファベータブックス
　　　　　　　　〒102-0072　東京都千代田区飯田橋 2-14-5　定谷ビル
　　　　　　　　TEL.03-3239-1850　FAX.03-3239-1851
　　　　　　　　http://ab-books.hondana.jp/

編集協力………… 株式会社フォト・パブリッシング
デザイン・DTP … 柏倉栄治
印刷・製本……… モリモト印刷株式会社

ISBN978-4-86598-819-2 C0026
なお、無断でのコピー・スキャン・デジタル化等の複製は著作権法上での例外を除き、著作権法違反となります。